KB006812

어쩌다 13년째 영어학원을 하고 있습니다

셀프헬프
self·help
시리즈⑫

"나다움을 찾아가는 힘"

사람들은 흔히, 지금의 내가 어제의 나와 같은 사람이라고 생각한다. 이것만큼 큰 착각이 또 있을까? 사람은 매 순간 달라진다. 1분이 지나면 1분의 변화가, 1시간이 지나면 1시간의 변화가 쌓이는 게 사람이다. 보고 듣고 냄새 맡고 말하고 만지고 느끼면서 사람의 몸과 마음은 수시로 변한다. 그러니까 오늘의 나는 어제의 나와는 전혀 다른 사람이다. 셀프헬프self·help 시리즈를 통해 매 순간 새로워지는 나 자신을 발견하길 바란다.

영알못 원장의 학원시장에서 살아남기

어쩌다 13년째 영어학원을 하고 있습니다

초판 1쇄 발행 | 2019년 9월 20일
초판 2쇄 발행 | 2019년 10월 16일

지은이 | 문윤선
발행인 | 김태영
발행처 | 도서출판 씽크스마트
주   소 | 서울특별시 마포구 토정로 222(신수동) 한국출판콘텐츠센터 401호
전   화 | 02-323-5609·070-8836-8837
팩   스 | 02-337-5608

ISBN 978-89-6529-214-2 13320

이 도서의 국립중앙도서관 출판예정도서목록(CIP)은 서지정보유통지원시스템 홈페이지(http://seoji.nl.go.kr)와
국가자료공동목록시스템(http://www.nl.go.kr/kolisnet)에서 이용하실 수 있습니다.(CIP제어번호: CIP2019031352)

씽크스마트·더 큰 세상으로 통하는 길
도서출판 사이다·사람과 사람을 이어주는 다리

어쩌다 13년째 영어학원을 하고 있습니다

문윤선 지음

영알못 원장의   학원시장에서 살아남기

사이다
사람과 사람을
이어주는 다리

추천사

**"우리 동네 전체를 바꿀 순 없지만 우리 학원에 오는
아이는 바꿀 수 있어요."**

내가 예뻐하는 대학원 동기가 있다. 교수님들, 다른 동기들의 사랑을 한 몸에 받는 학생이었다. 오랜만에 학교 다니는 나와 이 어린 동기는 자연스럽게 멘토-멘티가 되었다. 석사 학위를 받은 나는 학교 근처에서 제법 잘나가는 어학원을 운영하고 있었다. 동기는 보험영업을 하고 있었다. 똑똑한 동기는 다른 설계사와 분명히 달랐다. 누구나 하나쯤 이미 가입한 중복된 유형의 보험은 정리해주고, 비슷한 보험은 간편하게 더 저렴한 보험료로 안내해줬다. 그래서인지 어린 나이에도 수입이 꽤 높았다.

그런데 나는 동기가 영어학원을 운영해도 잘할 거라는 확신이 들었다. "영어학원 해보는 거 어때?" 이 한마디로 시작되었다. 당장 높은 수입보다는 자기 사업으로 안정되게 살아가는 게 더 좋고 앞으로

아이를 낳고 기르면서 시간을 조절할 수 있으며, 교육 사업은 날마다 연구하고 공부하는 일이라 아이들 키우기에 좋다고 소개했다.

얼마 뒤 영어학원 원장이 된 동기는 동네 커피숍에 교재를 한가득 들고 와서 오전 내내 공부하고, 학원을 운영하면서 영문학과를 졸업하더니 지금도 중국어과에 입학하여 공부를 이어가고 있다. 학생들이 공부하는 교재 400여 권을 완전히 독파했으며, 동네에서 처음으로 원생들을 외국어고와 자사고에 보내기 시작했다.

학교 한곳을 빌려 원어민과 공동사회로 영어 골든벨을 진행하고, 학원생이 영국 캠브리지대학에서 주관하는 영어 말하기 대회 본선에 나가 발표할 때도 함께했다. 전국에 내로라하는 학원이 있다면 제주도까지 찾아가 벤치마킹했다. 지금의 학원이 우연히 이루어진 게 절대 아니다. 문윤선 원장의 핵심가치는 전문성이다. 아이들에게 영어 공부의 자신감을 찾아주며 본인의 가치를 높인다.

"아이를 낳고 기르면서 느낀 것은 세상에 좋고 나쁨의 기준이 없다는 거예요. 나쁜 학생, 좋은 학생의 기준도 없어요. 나를 찾아온 아이를 스스로 공부하게 키우고 리더십을 키워줄 뿐이지요."

문 원장은 좋은 교사는 질문을 많이 하고 경청하고 공감하는 교사라고 정의한다. 그러면 나쁜 교사는? "연설하고 논쟁하고 충고하는 교사지요"라고 말한다. 책 내용 중에 30, 50, 80 법칙이 나온다. 현장에서 차근차근 성장해 온 원장만이 할 수 있는 말이다. 꼭 읽어보시기 바란다.

이 말 역시 인상 깊다.

"우리 동네 전체를 바꿀 순 없지만 우리 학원에 오는 아이는 바꿀 수 있어요."

문 원장이 있어 부개동 아이들은 영어를 잘한다. 학원 초창기부터 함께 일한 선생님이 지금도 근무한다. 문 원장이 학원을 운영한 지 벌써 13년이 되었다. 개원부터 지금까지 매월 진행하는 학부모 간담회와 아이들 발표회는 이 동네에서 유명하다. 학원은 깨끗하고 아이들이 영어공부하기에 편안한 공간이다.

작년에 나도 책을 출간한 이후 이곳저곳에서 강의문의가 오고 전국에서 독자들을 만나고 있다. 문 원장에게는 더 좋은 스토리가 있기에 이 책이 탄생했다. 학원 하나가 어떻게 움직이는지 알 수 있다. 과장하지 않고 그대로 잔잔히 표현했다. 영어학원 운영하는 원장님, 학부모님, 창업을 꿈꾸는 분들에게 도움이 되는 책이다. 머지않아 문 원장을 전국 곳곳에서 '학원 창업 및 영어학습 동기부여' 관련 강사로 만날 수 있을 것이다. 꿈꾸고 생각하고 실천하는 사람이니까.

《학원이 끌린다》 저자 **이경애**

자기가 아는 것을 나눌 줄 아는 사람

남이 쓴 글을 읽고, 그것도 직업과 지식에 관련된 책을 읽고 저자의 의도를 파악한 후 누군가에 추천한다는 것은 결코 쉽지 않은 일입니다. 제가 아는 문윤선 원장은 이런 사람입니다.

첫째, 자기 일에 최선을 다하는 사람

둘째, 학생들에게 친절한 사람

셋째, 자기가 아는 것을 나눌 줄 아는 사람

넷째, 모르는 것은 열심히 배우는 사람

이런 연유로 저의 소견을 몇 자 담습니다. 이 책은 총 5장과 부록에 걸쳐 디지털 시대 학생들의 영어학습 문제뿐 아니라 본인의 생생한 체험을 통해 이 시대를 관통하는 다양한 직업문제까지 잘 설명해 주고 있습니다.

21세기를 사는 우리는 그 어느 때보다 역동적인(dynamic) 사회에서 변화의 속도가 빠른 디지털(digital) 시대에 살고 있습니다. 새로운 교육과정과 우수한 플랫폼 그리고 교사의 역할을 위한 새로운 학습 모델이 절실한 때입니다. 문윤선 원장은 인천 부개 학습관을 중심으로 그동안 해온 학습결과로 그 점을 충분히 입증했습니다. 초등학생들이 문장전환 학습을 통해 자유롭게 기초 영어문장을 말하고 쓸 수 있게 해주었고, 그를 바탕으로 2018년부터 바뀐 초·중·고 디지털 영어 교과서 운영에 만전을 기하며 지역 발전에 크게 기여했습니다.

영어는 더 이상 학습의 대상이 아닙니다. 생존의 수단입니다. 이제 영어는 교육문제가 아닌 사회문제가 되었습니다. 최근에 초·중등생 뿐만 아니라 대학생 및 성인 전체에 이르기까지 말하기 중심의 실용 영어에 적극적인 경향을 보이고 있습니다. 이런 현상에 발맞춰 문윤선 원장의 명쾌한 대비책이 지역사회 발전의 바탕이 되리라 믿어 의심치 않습니다. 그동안의 노고를 치하하고 앞으로의 무궁한 활약을 기대하면서 기쁜 마음으로 이 책을 적극적으로 권합니다.

㈜잉글리쉬무무 회장 **김성수**

핑계 없이 긍정으로 도전하며 묵묵히 해내는 모습이 예쁜 사람

창업에서 가장 큰 장애물은 핑계다. 스펙이라는 자신의 조건과 주변 환경을 뛰어넘는 창업자만이 원하는 결과를 얻을 수 있다. 문윤선 원장님은 생각이 행동이 되고 바로 결과로 만드는 일을 가장 잘하고 있다. 문 원장님을 만나고 영어교육에 대한 편견을 버리게 되었다. 세상이 생각하는 기준의 틀과 무관하게 자신의 방법으로 도전하고 결과를 만들어 내는 문 원장님의 도전기 속에서 영어교육의 미래를 발견했다. 영어교육에 대한 청신호 해법을 만들어 가는 모습이 가장 큰 감동을 주었다. 영어교육이라는 가장 어려운 시장에서 문 원장님의 영어교육법이 일으킬 변화가 기대된다.

《인간플랫폼의 시대》 저자 **배명숙**

"당신도 할 수 있어요, 영어학원!"

영어가 그냥 싫은 아이가 있었다. 중학교 1학년 때 처음 영어를 만나서 고등학교, 대학교까지 죽도록 공부했지만 한 번도 영어를 잘해본 적이 없었다. 그 아이는 바로 나다.

"영어공부하면 돈이 생기나?"

외국 한번 나가본 적 없고, 외국인이라고는 만나본 적도 없는데 사람들은 자꾸 영어가 중요하다고 했다. 국영수 중 하나인 영어는 중고등학교 시절은 물론, 수능에서도 외국어 영역이라는 이름으로 4개 영역 중 하나를 차지하는 중요한 과목이었다. 대학에 들어간 뒤에도 영어는 토익이라는 이름으로 내 인생에서 중요한 자리를 지켰다. 영어를 잘하면 학교에서도 사회에서도 인정받는 것 같았다. 그런데 난 영어를 잘해본 적이 없다.

그렇게 영어를 1도 모르던 내가 영어학원 원장이 된 지 어느덧 13년째 접어들었다. 중학교 때 깜지에 영어단어를 쓰며 외우던 내게, 고등학교 때 우리말로 된 보기만 보고 답을 찍던 내게, 대학교 때 남들 다 들고 다니던 토익책을 그야말로 들고만 다녔던 내게 이런 미래가 기다린다고 얘기해 주면 그 시절들의 나는 어떤 반응을 보일까?

"에이, 말도 안 돼!"라며 코웃음칠 것이다.

"나 영어학원 할 거야."
"누가? 네가? 너 영어도 못하잖아!"

내가 맨 처음 영어학원을 한다고 했을 때, 날 아는 모든 사람들이 이렇게 말했다. 그리고 나 자신도 이렇게 생각했다.

'맞아, 나 영어 못하잖아. 할 수 있을까?'

결론부터 얘기하자면 나는 어느 날 갑자기 영어학원을 시작했고, 영어공부를 다시 시작했다. 그리고 13년째 아이들에게 영어를 가르치고 있다.

내가 이 책을 쓰는 이유는 당신도 할 수 있다는 얘기를 하고 싶어서다. 나도 했으니 이 책을 읽는 당신도 할 수 있다.

왜 하필 영어냐고? 아마 당신은 그동안 수많은 영어공부법으로 영어공부를 해왔을 것이다. 우리나라 사람이라면 대부분 빠르면 유치원부터, 나와 같은 세대라면 중학교부터 영어공부를 시작해서 한 번도 영어를 놓아본 적이 없을 것이다. 그리고 나처럼 영어를 잘하지 못했지만, 항상 잘하고 싶었을 것이다. 다양한 직종의 사람들이 새해 계획을 세울 때 왜 항상 영어공부를 집어넣을까? 영어를 잘하고 싶고, 한 번쯤은 영어공부에 성공하고 싶다는 기대 때문이 아닐까? 서점가 베스트셀러에는 항상 영어공부법을 다룬 책이 포함되어 있다. '지금까지는 잘 되지 않았지만, 혹시 이번에는?' 하는 기대로 그 책을 집어 들었을 것이다. 영어를 잘하고 싶은 사람에게 내가 들려줄 이야기는 '되겠어?'를 '될 수도 있지 않을까?'로 바꿔줄 것이다.

왜 하필 학원이냐고? 초, 중, 고, 대학교를 거쳐 취업할 때까지 한 번이라도 영어학원을 안 다녀본 사람은 없을 것이다. 여러 종류의 영어학원이 존재하고 많은 사람들이 영어책을 들고 영어학원에 다닌다. 특히 초등학교와 중학교 학생들에게 영어학원은 피아노, 태권도 학원만큼 흔한 학원이다. 지금 내 아이가 다니는 학원에 대해 얼마나 알고 있는가? 나의 한이었던 영어를 내 아이가 다니는 학원에서는 시원하게 해결해 줄 수 있을 것 같은가? 내 아이가 발음이 제법 좋은 것 같고, 영어숙제도 많이 하는 것 같고, 학교 성적도 잘 나오는 것 같은데 그렇다면 제대로 된 영어학원에 보내고 있다고 봐도 될까? 아니면 그냥 남들이 좋다는 학원을 보내놓고 더 좋은 학원이 있는 건 아닌지 불안해하고 있진 않은가? 그렇다면 내가 직접 영어학원을 해볼 순 없을까? 나한테 영어학원은 언감생심 엄두도 못 낼 그런 곳일까? 그런데 막상 시작해 보니 주변에서 "너 영어도 못하잖아"라는 말을 들었던 나도 할 수 있었다. 혹시 경력이 단절된 엄마에게, 취업이 아닌 창업을 준비하는 대학 졸업생에게, 아이들을 가르쳐 본 경험이 있는 학원 강사에게 아무것도 모른 채 용감하게 시작한 나의 실수담이 도움이 될 수 있지 않을까?

왜 하필 창업이냐고? 어릴 때부터 열심히 공부하면 성공한다고 배웠다. 공부를 열심히 하면 좋은 대학에 가고 좋은 회사에 취업할 수 있다고 했다. 나는 공부를 잘하지도 못하지도 않았다. 대학도 좋지도 나쁘지도 않은 곳이었다. 대학원까지 갔지만 어디가 좋은 회사이고 어디가 나쁜 회사인지 아무도 가르쳐 주지 않았다. 결국 나는 안정된 회사생활을 한 번도 해보지 못했다. 지금도 많은 취준생들이 공무원 시험을 준비한다고도 하고, 취업 재수를 한다고도 한다. 정말 공부를 많이 하면 좋은 직장이 생길까? 나는 영어학원을 시작하면서 내가 잘하는 일을 찾았다. 그리고 그동안에는 그다지 좋아하지 않았던 공부도 스스로 하게 되었다. 영어공부를 하니 돈도 생기고 나 자신도 성장할 수 있었다.

지금까지 이렇게 길게 이야기한 이유는 미래를 위한 선택지가 하나 정도 더 있다는 사실을 알려주고 싶어서다.

영어학원 창업!

최소한 내가 가르친 아이들은 영어 때문에 고생하지 않았으면 좋겠다. 그리고 영어를 배운 덕분에 좀 더 넓은 미래를 꿈꿀 수 있었으면 좋겠다. 그리고 그 꿈을 이루는 데 도움이 되는 영어학원이 많아졌으면 좋겠다. 영어학원은 많은데 영어 못하는 아이들은 줄어들지 않는다. 좀 더 고민하고, 좀 더 아이들에게 신경 쓰는 학원이 더 많아지면 좋지 않을까?

"우리 같은 소상공인들, 다 목숨 걸고 일하는 사람들이야!"

얼마 전 흥행한 영화 '극한직업'에서 가장 마음에 남았던 대사다.
나 같은 학원 원장들도 살아남기 위해 목숨 걸고 일한다!
그리고 내 학원 아이들 영어실력을 높이기 위해 나도 목숨 걸고 일한다!

초보 원장의 두려움을 동력 삼아서

왜 하필 영어?
왜 하필 학원?
왜 하필 창업?

이 책을 쓰면서 1년 동안 가장 많이 들었던 질문이다. 내가 13년간

치열하게 살아온 공간에서 책을 집필한 지난 1년간은 나를 돌아보는 시간이 되었다.

"나는 왜 하필 잘하지도 못하는 영어를 가지고 학원을 하겠다고 그 고생을 했을까?"

돌이켜보면 가장 먼저 내 학원을 갖는다는 사실에 어린아이처럼 들떴고, 나도 영어를 잘하게 되지 않을까 하는 기대도 있었고, 원장이라는 멋진 타이틀로 돈을 많이 벌고 싶은 욕심도 있었던 것 같다. 성급하게 상가를 계약한 후, 상가 용도 문제로 제대로 시작도 못 한 상태에서 와장창 깨졌던 기억이 난다. 내 사업을 시작하면 어리다고, 경험이 없다고 누군가 도와주고 챙겨주지 않는다. 온전히 나 혼자 알아봐야 했고 나 혼자 책임져야 했다. 학원을 오픈한 후에는 나보다 나이 많은 학부모들과 내가 낳거나 키워보지 않은 각양각색의 아이들을 만나면서 못하는 영어공부까지 병행해야 했다. 하루하루가 전쟁이었고 사고의 연속이었다. 그러나 이렇듯 넘어지고 깨지고 울면서 배운 경험들은 지금의 나에게 소중한 자산이 되었고, 무엇과도 바꿀 수 없는 인생수업이었다.

초보 원장이었던 나는 학원에서 늘 두려움을 마음에 품고 아이들을 만났다. 이 아이가 나 말고 다른 선생님을 만났다면 더 잘하지 않았을까? 내가 이 아이에게 도움 되는 일을 하고 있는 게 맞나? 이런 의구심 때문에 남들보다 두 배로 더 많이 일하고, 두 배로 더 많은 일을 만들었다. 영어를 모르는 내가 영어발표회를 기획하고, 영어뮤지컬을 가르치고, 영어원서를 읽기 시작했다. 어느 순간 나보다 실력이 쑥쑥 크는 아이들이 두려워 새벽에도 문제집을 풀고, 밤새며 영어공부를 했다. 학교 다닐 때 한 번도 제대로 해보지 않은 공부를 나는 영어를 가르치는 선생님이 되고 난 후에야 했다. 공부하는 건 똑같았지만 학생 때와 다른 점은 이제 공부가 왜 필요한지 정확히 아는 것은 물론, 공부하지 않으면 내가 죽는다는 절박함이 있었다는 것이다. 나는 영어를 공부하며 하루 업무를 시작했고, 아이들에게 영어를 가르치며 하루 업무를 마무리했다. 영어 잘하지 못한다는 두려움이 아이들에게 더욱 최선을 다하게 해주었고, 그런 초보 원장 밑에서 아이들의 영어실력은 쑥쑥 성장했다.

나 자신이 영어를 잘하지 못했기 때문에 영어 못하는 아이들을 나는 100% 이해한다. 그래서 지금도 학원에서 잘하지 못하는 아이들을 먼저 챙긴다. 영어가 싫고, 답답하고, 잘 안 되는 아이들에게 날 만나서 영어만큼은 잘할 수 있게 될 거라고 자신 있게 말해왔기 때문이다. 영어에 대한 나의 두려움은 노력을 만나 꿈이 되었다. 나를 만난 아이들도 영어로 더 큰 꿈을 꿀 수 있게 돕고 싶다.

누가 영어학원 창업 이야기를 책으로 읽겠느냐고, 누가 책을 읽고 영어학원 창업을 꿈꾸겠느냐고 모두가 말리는 이야기를 이제 시작하려 한다. 이 책을 읽고 단 한 명이라도 영어공부를 다시 시작했으면 좋겠다. 단 한 명이라도 영어 못하는 아이의 마음을 진심으로 이해하는 좋은 선생님이 되었으면 좋겠다. 단 한 명이라도 자신의 작은 영어학원 창업을 꿈꾸었으면 좋겠다. 이제 나는 작은 동네에서 아이들에게 영어원서를 읽어주는 할머니 원장님을 꿈꾼다. 스마트폰 말고, 만화책 말고, 진짜 책을 읽을 줄 아는 아이들. 그것도 영어로 된 책을 읽는 아이들이 많은 동네를 꿈꿔본다.

*이 책에 등장하는 아이들의 이름은 가명으로 처리했음을 밝힌다.

CONTENTS

창업 초기에 살아남기

성공하는 학원의 운영 노하우

학원생들의 영어 성공이 학원 창업 성공의 핵심

행복한 엄마의 행복한 도전

특별부록 엄마들과 이렇게 상담하세요!

영어학원 찾는 학부모들이 자주 묻는 질문들

왜 하필

나는 학교 다닐 때 '엉뚱자'였다
돈 걱정 없이 행복한 삶, 그러려면 일해야 한다
알고 보니 엄마가 최고의 교육 전문가
'그냥 이대로 살자'는 가족 설득하기

영어학원 창업을
선택했을까?

나는 학교 다닐 때
'영포자'였다

학교 다닐 때 영어는 사실 나와는 상관없는 과목이었다. 그냥 싫었다. 수능 초반에는 5개의 선택지가 한글로 나와서 순전히 국어 실력으로 외국어 영역 시험을 봤고, 운 좋게 대학을 갔다. 읽고 쓰는 것은 물론 영어가 들리지도 말할 수도 없었다. 그런 내가 영어학원을 창업하려니, 영어는 넘어야 할 큰 산이었다. '꼭 영어여야 하나? 차라리 수학 공부를 해볼까?' 영어 발음은 생각만 해도 머리가 아팠고, 문법이든 독해든 무엇 하나 자신 있는 것이 없었다.

고백하자면 나는 '영포자'였다. 하지만 영어공부를 계속 안 한 것은 아니었다. 아마 대한민국의 모든 사람들이 나와 비슷할 것이다. 잘하고 싶었지만 한 번도 잘한 적이 없었던 과목, 영어. 영어는 고등학교를 졸업한 후에도 계속 따라다녔다. 나는 끊임없이 영어를 공부했다. 수많은 영어책을 샀고, 대학교 때까지 여러 곳의 영어학원을 기웃거렸다.

다이어트만큼 어려운 게 영어인 것 같다. 안 되니까 자꾸 다른 방법이 나오는 걸 보면 말이다. 수십, 수백 가지 방법이 쏟아져나온다. 요즘 영어공부법을 다룬 인기 있는 책들이 많다. 듣기만 하면 영어가 된다고도 하고, 마법의 영문법이 있다고도 한다. 그런데 성공한 사람이 적으니 자꾸 새로운 방법이 개발된다. 100일 만에, 10분만 해도, 또는 유치원생부터 성인까지 다 되는 영어를 가르쳐준다고 한다. 그러나 주변에서 영어공부에 성공한 사람은 많지 않다. 여전히 많은 시간과 비용을 투자하지만, 해마다 새해 계획에 슬그머니 다시 등장하는 목표가 바로 영어공부다.

내 아이의 진짜 영어공부를 찾아서

21세기를 살아가는 우리에게 그리고 우리 아이들에게 영어는 꼭 필요하다. 그런 만큼 많은 사람이 영어를 잘하고 싶어 하지만 대부분이 실패한다. 중학교 1학년이 되어서야 알파벳을 배우기 시작한 우리 부모세대 중에는 영어에 실패한 사람들이 더욱 많다. 문법은 공부해도 막상 써먹을 수가 없고, 단어도 그렇게 열심히 외웠는데 자꾸 잊어버린다. 그러다 보니 내 아이는 그런 공부 말고 진짜 영어공부를 하길, 내 아이만큼은 영어를 잘하길 바란다.

써먹을 수 있는 영어! 나 역시 그게 간절했다. 20년 넘게 노력해도 안 됐기에 이제 방법을 바꿔보고 싶었다. 고등학교 때는 당연히 고등학교 수준의 문제집을 풀었고, 대학교 때는 남들이 다 필요하다는 토익 점수를 얻기 위해 기계적으로 토익 문제집을 풀었다. 이렇게 30대가 되었지만 여전히 내게 영어는 먼 나라 이야기였다. 그렇다면 진짜 나의 수준에 맞춰 영어공부를 시작해 보는 건 어떨까? 볼펜으로 깜지를 쓰며 단어를 외우던 세대인 나는 살아있는 언어로서 영어를 배우고 싶었다. 언어는 의사소통의 수단이지 문제집만 푸는 용도가 아니지 않은가?

이렇듯 내게는 영어가 간절했다. 나도 공부하면서 나중에 내 아이를 가르칠 때 가장 효과적인 종목을 생각해 보니 바로 영어였다. 가르치는 나에게도 필요하고, 아이에게도 필요한 유일한 과목! 그래, 영어학원을 창업해야겠다! 내가 가르칠 아이들이 초등학생들이니까, 나도 초등영어로 시작하면 된다. 내가 가르칠 아이들과 함께 차근차근 레벨을 높여 보자! 갑자기 자신이 생기며 해볼 만하다는 생각이 들었다.

돈 걱정 없이 행복한 삶,
그러려면 일해야 한다

2007년 4월 보험계약을 위해 대학원 시절 동기를 만났다. 당시 나는 3년째 보험영업을 하고 있었고, 열심히 일한 만큼 안정적인 수입을 얻고 있었다. 또래 친구들에 비해 제법 높은 수입을 얻고 있었지만, 결혼과 동시에 미래에 대해 걱정하던 차였다. 내가 이 일을 앞으로 얼마나 더 할 수 있을까?

그날 만난 동기는 제법 큰 영어 어학원의 원장이었다. 그녀는 내 용건을 들어준 후 나에게 영어학원을 차려보면 어떻겠느냐고 권유했다.

"영어학원 원장은 아이 낳고도 할 수 있는 일이야. 내 사업이잖아. 노하우가 생기면 아이 키우면서도 잘 운영할 수 있어."

"에이, 제가 무슨 영어학원을 해요. 저 영어도 잘 못해요."

그렇게 대답하면서도 속으로 '정말?'이라는 생각이 들었다. 내가 오고가는 아이들에게 "Hello!" 하고 멋지게 인사하는 영어학원 원장이 될 수 있을까? 내 학원에서 아이들을 가르치며 내 아이들과도 함께 지낼 수 있을까? 아이들이 성장하면서 나도 함께 성장하는 엄마가 될 수 있을까? 이런저런 생각이 꼬리에 꼬리를 물었다.

보험 계약서를 가지고 돌아오는 내내 영어학원이 머릿속에 자꾸 맴돌았다. '나도 할 수 있을까?'라는 생각이 점점 하고 싶다는 생각으로 바뀌었다. 그리고 3개월 후인 2007년 7월 나는 마법처럼 영어학원 원장이 되었다.

영어학원! 나도 할 수 있을까?
보통 엄마라면 내가 처음 영어학원 창업 얘기를 들었을 때 가장 먼저 든 생각과 똑같은 생각을 할 것이다.

"에이, 내가 무슨 영어학원을 해?"
"영어? 나 영어 울렁증 있단 말이야."

이런 걱정을 뒤로 하고 나는 내 영어학원을 머릿속에 그려보았다. 능력 있는 원장인 내 모습과 많은 아이들이 내 학원에서 영어공부에 성공하는 모습을 그렸다. 나는 계속 일하고 싶었기에 나와 미래에 낳을 내 아이들이 모두 행복해질 길을 드디어 찾은 듯했다. 내 학원이 생긴다는 설렘이 내 영어실력과 학원 창업에 대한 모든 걱정을 앞섰다. 하고 싶다! 일단 해보자! 이렇게 나의 영어학원 창업은 무대포로 시작되었다.

내가 계속 일하고 싶은 이유는 두 가지였다. 첫째는 돈 걱정 없이 살고 싶었고 둘째는 미래에 태어날 내 아이가 나보다 나은 인생을 살게 하고 싶었다. 또 아이가 성장할 수 있도록 뒷받침해주는 동시에 나도 성장하고 싶었다. 거창한 부자까지는 아니어도 대단한 성공은 아니어도 행복하게 내 일을 하고 싶었다.

"결혼하면 손에 물 한 방울 안 묻히도록 행복하게 해줄게"라며 남자들이 청혼할 때 하는 말이 거짓이라는 걸 신혼여행에서 돌아온 다음 날부터 실감했다. 이건 남자들이 나빠서가 아니라 몰라서 그런 거다. 그들도 결혼이 처음이니까. 현실에서는 드라마처럼 재벌 2세를 만나 행복하게 결혼하는 것으로 끝나지 않고 그 이후에 이어지는 하루하루의 삶이 있으니까. 그 삶을 잘 꾸려나가야 한다.

그리고 시간이 흘러 소중한 아이가 태어나면 엄마의 욕심은 커진다. 더 나은 환경에서 더 나은 교육을 받게 하고 싶다는 욕망이 생기면서 누구나 억대 수입을 꿈꾸지만 현실은 녹록지 않다. 이름만 들어도 아는 대기업이나 금융권 등 어느 지위에 올라가면 억대 연봉을 받는 직업도 있고 종자돈으로 부동산, 주식, 비트코인에 투자해 많은 돈을 벌었다는 사람들도 있다. 하지만 나는 그 어디에도 속하지 않았다.

남편이 대기업에 다녔지만 억대 연봉을 받기까지 아파트 대출금이며, 아이들 교육비며, 주말 가족 여행까지도 빠듯이 계산해야 했다. 돈 걱정 없이 살고 싶고, 내 아이에게 좀 더 나은 인생을 살게 하고 싶다는 두 가지 목표를 이루기 위해서는 돈이 필요하고, 그러니 내가 일해야 한다고 생각했다. 출산과 육아를 거치며 경력이 단절된 여성들을 숱하게 봐왔기에 재취업보다는 개인사업이 답이라고 생각했다. 기존에 하던 일이 성과급으로 월급을 받는 보험회사 영업직이었기 때문에 열심히 일한 만큼 버는 내 사업을 시작하는 것이 망설여지지 않았다. 나의 무모한 도전은 이렇게 시작되었다.

창업! 설레는 말이기도 하지만 한없이 불안한 말이기도 하다. 하지만 나는 지금 내 일에 만족하고, 학원 업무와 수업으로 좌충우돌하면서 매일 조금씩 성장하고 있다.

알고 보니 엄마가
최고의 교육 전문가

"아이 낳고도 엄마가 할 수 있는 일이에요."

대학원 동기인 원장님과 대화 중 가장 가슴에 와닿았던 말이 엄마라는 단어였다. 그 당시 내가 일하던 보험회사 영업부서의 평균소득은 월 500만원 이상이었다. 젊은 조직이다 보니 능력에 따라서는 월 1,000만원 이상 버는 사람들도 많았다. 나보다 몇 년 선배인 언니가 있었는데 영업도 잘했고, 꼼꼼한 성격이라 일처리도 잘해서 계약자가 많았다. 저 언니처럼 일하면 좋겠다고 생각한 적도 있지만 그 언니가 임신과 출산을 하는 과정을 지켜보면서 생각이 바뀌었다.

영업조직은 매달 마감을 해야 한다. 매달 일정 금액의 계약을 달성해야 수수료가 제대로 나온다. 선배 언니는 만삭의 몸으로도, 출산 직후에도 마감 때문에 고민해야 했다. 아이가 아파 병원에 뛰어가면서도 실적에 대한 부담을 떨치지 못했고, 회사에서는 그런 부분을 배려

하지 않았다. 그때부터였다, 나도 고민하게 된 것은. 내가 이 일을 얼마나 더 할 수 있을까? 이것은 아마 많은 엄마들의 공통된 고민일 것이다. 일만 열심히 하면 되었던 시절과 달리 결혼한 여자들은 결혼, 출산, 육아라는 세 번의 고비를 넘은 뒤에도 일과 아이에 대한 고민이라는 또 다른 고비가 시작된다.

아이 교육의 최고 전문가는 엄마!

세상에서 가장 귀한 내 아이를 품에 안은 순간부터 엄마들은 아이의 성장 과정을 쭉 함께하고 싶어 한다. 시중에 깔린 수많은 유아 발달 책, 자녀 교육서, 자녀를 명문대에 보낸 엄마의 성공담은 내 아이를 누구 못지않게 최고로 키우고 싶은 엄마의 마음을 대변한다.

　나는 아이의 성장만 바라보기보다는 내 일도 포기하고 싶지 않았다. 그런 맥락에서 창업을 결심하고 어떤 종목을 선택하면 좋을지 고민하다가, 문득 아이를 가르치는 일이 하고 싶다는 것을 깨달았다. 앞으로 아이를 키우며 살아갈 내가 가장 잘하게 될 일이라고 판단한 데 따른 것이었다. 이 세상 모든 엄마들은 지상 최고의 교육 전문가다. 이 말이 과장됐다고 하더라도 엄마가 내 아이 교육에 매달리는 만큼 교육 전문가가 된다는 사실은 반박하지 못할 것이다.

　내 아이를 남다르게, 뛰어나게 키우고 싶은 건 모든 엄마의 바람이다. 학습능력부터 시작해서 인성과 감성까지 누구보다 월등하게 키워주고 싶은 게 엄마 마음이다. 그래서 자녀 심리서까지 정독한다. 내 아이를 키우기 위해 미리 준비한다면? 이렇게 내 아이를 바라보는 시야를 조금 넓혀서 다른 아이들까지 키워본다면? 내 아이를 사랑하는 엄마라면 다른 아이도 사랑으로 교육할 수 있다. 이런 엄마의 특성을 살려 교육과 관련해 창업한다면 누구보다 경쟁력이 있을 것이라고 확신했다. 엄마표 영어, 공부방 등 엄마들이 교육 시장에 진출해서 강세를 보이는 데는 이유가 있는 법이다. 엄마가 집에서 아이를 교육하는 마음으로 할 수 있는 일이 학원 창업이니까. 그래, 그렇다면 이 길로 가자!

그러나 처음부터 쉬운 건 아니었다. 엄마의 마음으로 아이를 대한다고는 했지만, 학원을 시작한 초창기에 나는 아직 엄마가 아니었고, 아이들 학습 결과를 내기에 급급했다. 많은 학부모들이 20대 후반의 젊은 원장을 못 미더워했다. "아직 애가 없어서 아이 마음을 잘 모르시나 봐요"라며 아이의 서운함을 대신 얘기해준 한 학부모가 있었다. 그때는 그 말이 그렇게 야속하게 들렸는데, 지금 생각해보니 맞는 얘기일 수도 있다.

내 아이를 보는 귀한 마음으로 남의 아이를 보면 좀 더 넓게 볼 수 있다. 나도 내 첫 아이를 품에 안고서야 내가 이만큼 아이를 사랑할 수 있구나 하는 것을 처음 느꼈다. 그리고 다짐했다. 그래, 소중한 내 아이를 최고로 키우고 싶은 마음으로 학원 아이들의 실력을 키워보는 거다. 학원의 성공은 100% 아이들의 결과다. 우리 학원 아이들이 영어공부에 성공하면 학원은 저절로 성공한다. 내 아이를 바라보는 엄마의 마음으로 절대 거짓말을 하지도, 대충 일하지도 않을 것이다!

'그냥 이대로 살자'는
가족 설득하기

- - - - - - - - - - - - - - - - -

내가 창업하겠다고 하자 남편뿐만 아니라 친정에서도 반대하고 나섰다. 수입이 괜찮은 직장을 그만두고 갑자기 사업을 하겠다니 걱정할 만했다. 친정아빠는 남편을 데리고 한강을 걸으며 "쟤 좀 말려 봐. 브레이크 걸어줄 사람이 필요해. 자네가 좀 해 봐!"라고 말했다.

내가 말도 안 되는 일을 벌인다고 생각하신 거다. 평생 공무원으로 안정적인 삶을 사셨던 친정아빠에게 개인사업은 터무니없는 얘기였다. 대학원까지 공부시켜 놨더니 보험영업을 한다고 하지 않나, 이제는 학원을 차린다니. 반대하는 남편을 비롯한 가족들의 심정은 이해가 갔지만 시작도 하기 전에 주저앉을 수는 없었다. 그래서 설득했다.

내가 창업해야 하는 이유 5가지

내가 창업해야 하는 이유로 가족들에게 제시한 것은 총 다섯 가지였다.

첫째, 100세 시대인데 직장수명이 짧아졌다. 100세 시대가 나와는 상관없는 얘기라고 하기엔 주변에 노인들이 너무 많다. 가까이에 계신 우리 부모님을 봐도 그렇다. 정년퇴직을 하실 때만 해도 그동안 애쓰셨다, 늦게까지 일하셨다는 마음이었지만, 이후 20년이라는 시간이 흐르면서 '정년퇴직 후에도 경력을 살려서 할 수 있는 일이 있었다면 좋았을 텐데' 하고 생각하게 되었다.

게다가 AI시대인 미래에는 기계가 인간의 일을 더 많이 대신해 줄 것이므로 인간의 시간은 점점 더 남아돌게 될 것이다. 시간은 있는데 돈이 없다. 즉, 우리는 이렇게 남아도는 긴 시간을 대비해 본 적이 없다. 평균수명의 연장으로 부모님 세대와 달리 우리 세대는 20년이 아니라 30~40년을 놀아야 한다. 남편이 다니는 회사에서도 55세 이상은 임원밖에 없다고 한다. 우리 남편이 그때까지 회사에서 살아남을 수 있을까? "당신에게 우리 가족 인생을 모두 맡겨도 괜찮을까?" 내 물음에 남편은 대답하지 못했다. 그렇다. 남편 한 사람에게 모든 걸 맡기기에 직장수명은 너무나 짧아졌다.

둘째, 세상은 변했고 돈이 어느 정도 필요한 시대가 되었다. 개미처럼 일하던 과거와 달리 즐기는 시대다. 주 5일제, 대체 휴일, 샌드위치 휴일, 황금연휴 등 자꾸 노는 것을 권장한다. 기본적으로 생활을 꾸리면서도 즐길 수 있는 여유까지 필요한 시대. 이걸 모두 남편 홀로 벌어서 감당할 수 있을까?

셋째, 여자도 자신의 이름으로 인생을 살아야 한다. 여자의 인생 목표는 가족을 위해 살다가, 남편이 퇴직한 후에는 함께 여행이나 다니는 게 아니다. 아침에 남편은 출근하고 아이들은 학교에 간다. 주부로서 가족을 위해 사는 것도 중요하지만 나에게는 내 이름을 새길 수 있는 인생을 살고 싶다는 욕구도 있었다.

일본소설 《끝난 사람》을 보면 남편의 사회생활이 끝남과 동시에 아내가 사업을 시작한다. 그리고 여자들은 절대 퇴직한 남편과 계속 여행을 다니고 싶어 하지 않는다. 여자가 바라는 일생이 꼭 남편과 한몸처럼 붙어 있는 게 아니니까 당연하다. 그렇다면 지금부터 독립적인 나의 미래를 준비해야 하지 않을까? 내가 앞으로 10년, 20년을 출근할 수 있도록 말이다.

넷째, 영어학원 운영이 나의 전문성을 키울 수 있다. 교육 전문가로서 학원을 경영하는 것은 엄마로 살아갈 나에게 좋은 경험과 공부가 될 것이다. 시간과 함께 쌓이는 나의 경륜과 노하우는 아무도 빼앗아 갈 수 없기 때문이다.

다섯째, 내가 창업한 것이기에 아무도 나를 자를 수 없다. 타의로 그만두지 않아도 되고, 내가 잘할 수 있다면 원하는 만큼 쭉 일할 수 있다. 지금이라도 열심히 새로운 기술을 갈고 닦아서 다시 취업할 수도 있겠지만, 나이 때문에 길어야 10년 또는 15년이면 퇴사해야 할지도 모른다. 불확실한 취업보다는 안 잘릴 게 확실한 창업이 낫지 않을까?

이상의 다섯 가지 이유를 들며 나는 영어학원을 창업하겠다고 설득했고, 나름대로 논리적인 나의 주장에 가족들은 반대의견을 접을 수밖에 없었다.

초보 원장의

지역선정은 내 마음대로 하는 게 아니다

"뭘 잘 모르셨나 보네요."

견적보다 중요한 인테리어 업체의 진정성

자금계획에서 현실은 늘 상상을 뛰어넘는다

소방점검과 교육청 승인, 꼼꼼하고 철저하게 검토하기

좌충우돌 창업
분투기

지역 선정은 내 마음대로
하는 게 아니다

사실 난 그렇게 열심히 사는 사람이 아니다. 노는 것도 좋아하고 공부를 그다지 잘해본 적도 없다. 새해에 다이어리를 사서 계획만 잔뜩 세우고는 채 3일도 지키지 못하고, 주말과 연휴를 기다리며 평일을 견뎌내는 평범한 사람일 뿐이다.

"영어학원 할 거면 프랜차이즈로 시작해 봐."

영어학원 창업을 추천해준 원장님이 한 영어학원 프랜차이즈를 소개해 주었다. 창업비용으로 5,000만원쯤 필요하다고 했다. 하필이면 통장에 딱 그 금액이 있었다. 회사생활 3년 만에 모은 5,000만원짜리 통장, 결혼하면서 남들 다 하는 혼수 하나 안 하고 악착같이 모은 돈이었다. 그 돈이면 예쁜 내 사무실이 생기고 우아한 원장이 되는 줄 알았다. 그렇게 나는 3일도 고민하지 않고 전 재산을 영어학원 원장 자리에 베팅했다.

부지런하지도 않고 노력파도 아닌 나였지만, "학원을 할 거야!"라고 결심한 순간부터 마음이 바빠졌다. 당장 내 학원이 생기는 일이어서 상가도 계약하고 싶고, 인테리어도 해서 하루 빨리 오픈하고 싶었다. 그런 한편으로 프랜차이즈 사업설명회를 찾아가 소개받은 지역담당자와 상담도 하고, 괜히 그 지역을 돌아다니며 시간 가는 줄 모르고 하루하루를 보냈다. 노트에 나의 학원을 그려보고, 가진 돈으로 예산을 짜보기도 했다. 뭐든 일단 저질러 놓고 보는 성격이라 바로 상가를 계약하지 못해 안달이었다. 남편을 졸라 주말마다 상가를 보러 다니고, 지역도 정하지 않은 채 여기저기 기웃거리며 한 달을 보냈다. 내 사업을 시작하면서 꼼꼼하게 준비할 생각은 못 하고 마음만 설레어 들떴던 것이다.

많은 사람들이 내 학원, 내 가게를 시작할 때 나와 같은 실수를 저지른다. 본사에서는 일단 계약서부터 쓰자고 하고, 부동산에서는 내일이면 당장 이 상가가 다른 사람에게 넘어갈 것처럼 재촉한다. 이렇게 주위에 휩쓸리다 보면 금방 원장이 되고 사장이 되는 것 같은 설렘에 정작 준비하고 살펴봐야 할 사항을 놓치기 쉽다. 사업은 결코 만만치 않다. 시작하기로 마음먹었다면 꼼꼼히 그리고 차근차근 치밀하게 준비하길 바란다.

지역 선정, 내 발로 직접 뛰는 게 가장 정확하다

나는 처음부터 프랜차이즈로 시작하려고 마음먹었기 때문에 무작정

해당 프랜차이즈 사업설명회를 찾아갔다. 화려한 호텔, 고급스러운 교재들, 전문가 같은 학원 관계자들의 모습을 보자 처음부터 조금 주눅이 들었다. 2시간 정도의 설명회에서 영어를 원어민처럼 구사하는 초등학생 아이들의 모습, 성공한 학원들의 수업 모습, 성공한 원장 인터뷰 등의 영상을 보았다. 이어서 교재 커리큘럼에 대한 설명이 이어졌다. 설명회는 후반부에 들어 신규 가맹을 위한 창업비용과 학생 수에 따른 수입에 대한 설명으로 마무리되었다.

30명 이상이면 손익분기점을 넘기고, 50명이면 월수입 300만원, 80명이면 월수입 500만원, 100명이면 월수입 800만원 대충 이런 내용이었다. 설명회만 들으면 벌써 내가 한 달에 800만원씩 버는 원장이 된 것 같았다.

행사가 끝나고 나누어준 설문지에 학원을 오픈하고 싶은 희망지역을 적고 상담 일정을 잡았다. 우리 집이 마포였기 때문에 희망지역에 마포를 적고 "그래! 이제 시작하는 거야!"라며 뿌듯한 마음으로 돌아왔다. 며칠 후 지역 담당자와 미팅 약속이 잡혔고 난 그분이 운영하는 학원으로 찾아갔다.

지역 담당자가 나에게 보여준 첫 자료는 지도였다. 지역별로 빨간색 줄로 나뉘어 있었고 어느 지역은 색칠이 되어 있었다. 지역별로 나뉜 빨간 줄 구역 기준은 초등학교 수와 세대수였고(예: 1,000세대당 초등학교 1개), 색칠이 된 지역은 이미 프랜차이즈 학원이 자리 잡은 지역이었다.

프랜차이즈 학원은 지역을 구분해서 운영된다(구역권). 무슨 뜻이냐

하면, 한 구역 안에 같은 프랜차이즈를 오픈하지 않는다는 뜻이다. 학원은 보통 세대수나 초등학교 수로 지역을 나누기 때문에 지역권은 프랜차이즈 학원을 오픈할 때 꼭 확인해야 하는 사항이다. 차량 운행을 하지 않는 프랜차이즈 학원의 경우 아이들이 걸어 다녀야 하므로 보통 2,000~4,000세대 정도를 기준으로 구역을 나눈다. 단, 지도상의 구역이기 때문에 실제 초등학교 배정 지역과는 차이가 있을 수 있다. 따라서 지도상으로 확인한 구역이라도 현장방문은 필수다.

나는 집 앞에 학원을 오픈하고 걸어서 오가며 점심도 집에 와서 먹을 수 있을 줄 알았는데 우리 집 앞에는 이미 그 프랜차이즈 학원이 있었다. 1시간 정도 프랜차이즈 계약 관련 설명을 듣고 나서 지역 담당자와 함께 차를 타고 다니며 상가 몇 개를 둘러보았다.

프랜차이즈 시스템에서는 전국 지역 중에 이미 한 지역을 담당하는 사업부가 있다면, 그 동네에 학원이 가능한 자리를 몇 군데 알고 있다. 이런 자리를 소개받아 마음에 드는 곳이 있으면 계약하면 되는데, 학원으로 사용할 수 있도록 기본적인 조건을 갖춘 곳이 대부분이다. 그러나 앞서 언급했듯이 프랜차이즈 지역구분을 단순히 초등학교 수와 지역 세대수로 하다 보니, 해당 초등학교가 학생 수가 별로 없는 곳일 수도 있고 세대수에 비해 학생들이 많지 않을 수도 있다. 따라서 지역 담당자를 믿고 계약한다고 하더라도 내 구역의 학교 학급 수, 학생 수, 주변 학원 개수 정도는 직접 확인해야 한다.

특히 주변 학원 현황 파악은 필수다. 피아노, 태권도, 미술 학원이 많은 동네는 아이들이 많을 가능성이 높다. 영어학원의 개수도 파악해야 하는데, 경쟁학원이 없으면 좋을 것 같지만 그만큼 영어학원에 대한 니즈가 없는 동네일 수도 있기 때문에 나만의 사업리포트를 작성해 보는 게 좋다. 예를 들어 내가 오픈할 예정인 상가의 층별로 학원 수를 표시하고, 주변 상가에 대해서도 같은 초등학교 학생들이 다니는 곳에 표시해 놓는 것이다. 아이들이 어린 학부모들은 웬만하면 같은 건물 안에 있는 학원을 선택하는 경향이 있다. 주변 태권도, 피아노, 미술학원 원장님들과 좋은 관계를 유지하면 영어학원을 찾는 학부모에게 우리 학원을 소개해 주는 경우도 많다. 오픈 후 개업선물을 돌리며 우리 학원이 곧 오픈한다는 것을 알리고 꼭 인사를 드리자. 입학식, 졸업식 등 학교 앞에서 대대적인 학원 홍보가 있을 때마다 얼굴을 익히고 함께 홍보할 방법이 있다면 홍보물을 들고 찾아가는 것도 좋은 방법이다.

나만의 사업리포트 작성하기

프랜차이즈 담당자를 만나 어디에 내 학원을 오픈할지 계획을 세웠다면 이제 차분히 앉아서 나만의 사업리포트를 작성해 보자. 매일 사람을 만나고 여러 지역을 둘러보러 다니며 정보를 모으다 보면 놓치는 것이 생긴다. 여기저기서 받은 안내문과 계약서에다 내가 들은 정보를 메모해 놓은 종이들이 넘쳐난다. 소개받은 분들의 명함도 정리해 둬야 하고, 그동안 찾아다닌 영어학원 사업설명회들의 정보도 따로 정리해 놓아야 한다.

　자, 차분히 앉아서 그동안의 나의 활동과 사업 준비에 대해 정리해

보자. 내가 사업 초기에 작성한 사업리포트는 학원 오픈 초기뿐만 아니라 매 학기 홍보 계획을 세울 때도 많은 도움이 되었다.

나만의 사업리포트 작성 단계

STEP 1 네이버 지도를 활용하여 해당 지역 지도를 출력한다.

STEP 2 지도에 초등학교, 중학교, 고등학교 위치를 빨간색으로 표시한다.

STEP 3 각 학교 홈페이지에 들어가서 학년별 학급 수, 학생 수를 확인하여 표로 작성해 놓는다.

STEP 4 출력한 지도에 근처 학원들의 위치를 표시한다(영어학원은 파란색, 기타 학원은 초록색).

STEP 5 근처 학원 리스트를 표로 작성한다(영어학원 리스트, 기타 학원 리스트). 직접 돌아다니며 보는 게 제일 좋지만, 학원정보앱(우리동네 학원, 학원 어디가?)으로 검색하는 방법도 있다.

STEP 6 영어학원 리스트에 있는 경쟁사 브랜드의 홈페이지를 방문한다(영어학원 사업설명회에서 받은 명함 및 설명회 책자도 함께 정리한다). 우리 학원 근처에 있는 영어학원의 특징은 신규 원장에게 무척 중요한 정보다. 아이들이 학원에 유입되는 경로는 신규도 있지만 다니던 학원을 옮기는 경우가 더 많다. 기존 학원에서 어떻게 수업을 했는지 알아두면 상담시 우리 학원의 강점과 차별화를 설명할 때 더 경쟁력을 갖출 수 있다.

STEP 7 나만의 홍보계획서를 작성한다(학교별 학생 수에 따른 홍보물 개수 및 홍보일정 잡기).

나는 살고 있는 동네에서 학원을 오픈할 수 없었다. 집 근처에 마땅한 자리도 없었고 담당자가 소개해 준 상가들은 너무 비쌌다. 내가 가진 예산으로는 턱없이 부족했다. 학원을 오픈하자마자 학생이 밀려들어오는 건 아니라는 점을 감안하면 비싼 월세는 1년 내 학원 문을 닫게 하는 가장 큰 원인 중 하나다. 내가 처음 만들었던 사업계획서는 결국 쓸모 없어졌지만 두 번째 사업계획서를 더욱 꼼꼼하게 만들 수 있는 계기가 되었다.

결국 나는 처음 보는 동네에, 처음 보는 부동산에 들어가서, 처음 보는 상가를 계약했다. 당시 부평 동부 지역에는 해당 프랜차이즈 학원이 하나도 없었기 때문에 아무 자리에서나 학원을 오픈할 수 있었다. 뭔가에 끌리듯 처음 본 상가 자리가 마음에 들었고, 나는 그 상가를 본 순간 머릿속으로 인테리어 그림을 그리고 있었다. 사실 처음 본 상가 이후 부평의 몇몇 상가를 주말마다 탐색하였으나, 처음 본 상가가 계속 눈에 밟혔다. 그 상가가 학원을 오픈할 수 없는 자리라고는 꿈에도 생각하지 못한 채 말이다.

"뭘 잘 모르셨나
보네요."

지역을 선정했다면 부동산에 가서 적합한 상가 자리가 있는지 확인하는 것이 두 번째 단계다. 부동산을 선택할 때도 상가를 주로 취급하거나 그 동네에서 오래된 부동산을 방문하는 것이 유리하다.

프랜차이즈에서 학원 위치를 추천해 주더라도 맹신하지 말고 스스로 조사해야 한다. 나도 처음에는 어떤 자리가 학원을 하기에 좋은지 알지 못했다. 그래서 용도변경까지 하는 등 굉장히 고생해야 했다. 물론 잘만 가르치고 입소문이 나기 시작하면 학원의 위치는 그리 중요한 문제가 아니다. 교육에 관심 있는 부모 입장에서는 실력 있는 학원이라면 멀어도, 가는 길이 불편해도 찾아가게 되어 있기 때문이다. 그러나 이왕이면 좀 더 유리한 위치에 오픈해야 창업 초기에 학생을 유치할 때 고생이 덜하다. 학원 위치가 좋으면 오픈하자마자 학원생이 쉽게 늘지만, 위치가 안 좋으면 열심히 홍보해도 학원생이 늘기 쉽지 않다. 이런 경우가 학원가에서는 흔하다.

초등학생 대상 영어학원, 좋은 입지 조건

- 초등학교 주변에 위치해 있다.

- 아이들이 등하교하는 길에 있다(정문, 후문 위치 등을 살필 것).

- 주변에 학원이 많지 않아 아이들이 학원을 가려면 차 타고 다른 동네로 간다.

- 대단지 아파트에 인접해 있다(혹은 아파트 상가에 있다).

- 새 건물이라 깔끔하다(새 건물이 아니어도 깔끔한 건물이 좋다).

- 그 건물에 피아노, 미술 등 다른 학원들이 입주해 있다(혹은 입주할 예정이다).

※ 재개발 유무, 옆 동네에 신도시가 생기는지도 알아봐야 한다. 재개발이 계획되어 있다면 공사 기간에 아이들이 줄어드는 공백기를 고려해야 하고, 옆 동네에 신도시가 생기면 도중에 이사 가는 경우가 많이 생긴다.

초등학생 대상 영어학원, 주의해야 할 입지 조건

- 학교 근처인데 방학 때 사람의 통행이 별로 없다.

- 아파트 단지 근처지만 아이들이 잘 다니지 않는다(아파트 내에 학교 출입구가 있으면 아파트 정문 쪽으로는 아이들이 안 다니는 경우도 있다).

- 학교에서 찻길을 두 번 건너야 하거나, 집에 갈 때 동선이 멀리 돌아가야 한다.

- 아이들이 잘 다니는 길 건너편에 위치한다(예를 들어 8차선 대로 건너편에 학원이 있으면 학부모들은 굳이 그 길을 건너면서까지 아이들을 보내려 하지 않는다).

학원 입지 정보를 얻으려면 무조건 현장에 가봐야 한다. 아이들 등교 시간에 엄마들이 많이 나오는 편인지, 하교 시간에 아이들이 정문으로 많이 다니는지, 후문으로 많이 다니는지 등을 직접 확인하고 상가를 계약해야 한다. 프랜차이즈는 보통 학교를 포함한 세대수로 구역을 나누기 때문에 그 동네 초등학생 수, 중학생 수를 학교 홈페이지에서 꼭 확인하기 바란다(요즘은 학생 수가 계속 줄고 있어서 초등학교 수보다 학생 수 확인이 더 중요하다. 요즘은 초등학교 1학년 학급 수가 3개 미만인 경우도 많다). 나처럼 덜컥 상가부터 계약하고 나서 뒤늦게 이런 사항들을 떠올리는 사람들이 많다. 상가 임대 계약서에 사인하는 순간부터 모든 것은 내 책임이고 되돌리기 힘들다는 것을 명심하자.

학원은 2종 근린생활시설 중 교육연구시설

나 역시 초보였기에 잘 알아보지도 않고 덥석 상가부터 계약하고 말았다. 나중에 알고 보니 그 자리는 '1종 근린생활시설' 자리여서 '2종 근린생활시설'에 속하는 학원을 차릴 수 있는 자리가 아니었다.

> **1종 근린생활시설:** 건축법에 의한 용도별 건축물 종류상 제1종 근린생활시설은 슈퍼마켓, 휴게음식점, 제과점, 미용원, 목욕장 및 세탁소, 의원, 체육도장, 파출소, 소방서, 우체국 등이다.
>
> **2종 근린생활시설:** 건축법에 의한 용도별 건축물 종류상 제2종 근린생활시설은 일반음식점, 휴게음식점, 제과점, 서점, 골프연습장, 공연장, 금융업소, 사무소, 학원 등이다.

학원을 설립할 수 있는 입지는 이렇듯 법으로 규정되어 있으며, 상가의 건물 등기부등본 한 통만 떼어 보면 금방 확인할 수 있다.

뭐에 홀린 듯 무작정 영어학원 창업에 뛰어들었던 나는 학원 입지 선정부터 시작해서 학원을 차리는 데 필요한 경비, 무엇을 준비해야 하는지 등등 아는 게 하나도 없었다. 덮어놓고 덤볐다가 코가 와장창 깨진 것이다.

구청과 건물주 사이를 오가며 시간만 흘러갔다. 학원은 부평이었고, 건물주의 사무실은 청량리였다. 하루에 한 번씩 구청, 학원, 건물주 사무실을 오갔다. 프랜차이즈, 아는 원장님, 구청 직원, 부동산 중개인, 건물주 모두 자기 일이 아니었다. 오롯이 내가 해결해야 하는 내 일이었다. 그때 알았다. 개인사업자는 혼자서 모든 걸 해결해야 한다는 것을. 지하철 타고 서울과 인천을 매일 울면서 오갔다. 구청 직원이 안됐다는 표정으로 말했다.

"좀 알아보고 하시지. 뭘 잘 모르셨나 보네."

학원은 2종 근린생활시설 중에서도 교육연구시설이라서 새로 용도변경을 할 경우 구청의 심사가 까다롭다. 특히 노후된 건물의 경우 장애인 시설이나 화장실이 잘 갖춰져 있지 않기 때문에 모든 시설을 뜯어고쳐야 한다.

내가 계약한 상가는 원래 노래방 자리(노래방은 1종 근린생활시설)였는데 학원시설로 용도변경을 하려니 걸리는 문제가 한두 개가 아니었다. 우리 학원이 3층이었기 때문에 몸이 불편한 아이가 우리 학원에 다닌다는 조건으로 1층부터 모든 장애인 시설 설치비용을 부담해야 했다. 휠체어가 3층 우리 학원까지 올라올 수 있도록 출입구 경사대, 계단 점자 표시, 지하철에서 볼 수 있는 노란색 블록판까지 설치했다.

원래 용도변경에 드는 비용은 건물주가 부담해야 하지만, 나의 경우에는 계약한 이후였기 때문에 용도변경에 비용이 많이 소요되자 나도 일부 부담해야 했다. 억울하지만 이미 계약서에 도장을 찍은 후라 어쩔 수 없었다.

우선 화장실이 남, 여 각각 두 칸씩 있었는데 둘 중 하나는 양변기로 교체해야 했다. 문제는 화장실 폭이 좁아서 휠체어가 들어갈 공간을 만들기 위해 칸막이도 넓히고 손잡이까지 만들어야 했다는 것이다(출입문이 휠체어가 들어갈 수 없을 정도로 좁다면 문도 넓혀야 한다). 게다가 휠체어가 들어가려면 턱이 없어야 하는데 화장실에 들어가는 입구 턱이 높아서 비스듬히 경사대를 대야 했다. 각도기를 들고 다니며 휠체어가 다닐 수 있는 경사인지 각도를 재던 구청 직원의 얼굴이 지금도 떠오른다.

상가를 계약하기 전에 시장조사를 확실히 해야 잘 선택할 수 있다. 동네 부동산은 부동산끼리 연결되어 있기도 하고 새로 생기는 부동산도 많기 때문에 반드시 여러 군데를 방문해 동네 학원 현황이라든지, 상가 분위기 등을 물어볼 필요가 있다. 첫 방문 시 학원 자리를 알아보러 왔다고 하면 동네 학원에 대해 여러 정보를 주는 곳도 있고, 아파트를 주로 다루는 부동산에서는 다른 곳을 소개해 주기도 한다. 중개사와 이야기를 나눌 때 학원 계약을 진행한 적이 있는지 물어보는 것도 좋다.

내가 계약하려는 상가가 이전에 어떤 업종이었는지, 공실이 된 이유는 무엇인지 확인하자. 같은 건물에 아이들이 많이 다니는 곳이 있는지(치과, 소아과, 태권도, 음식점 등), 엄마들이 많이 모이는 장소(미용실, 카페)가 있는지 확인하는 것도 도움이 된다.

가장 중요한 것은 자금 문제다. 보증금과 월세가 나의 준비자금에 적당한지 여러 군데 발품을 팔며 알아봐야 한다. 상가 계약 시 발품을 팔며 부동산을 여러 곳 다녀보는 것이 절대적으로 필요하다. 많이 다녀볼수록 나에게 맞는 자리를 찾을 가능성도 높아진다. 보증금과 월세가 다른 곳에 비해 싸다면 그럴 만한 이유가 있기 때문이다. 건물이 노후되었거나 오랫동안 공실인 경우다. 층수에 따라 보증금에도 차이가 많이 나므로 내 예산에 맞는 자리를 찾으려면 많이 다녀서 여러 자리를 보고 결정하는 것이 좋다. 학원 자리로는 보통 2~3층을 선호하지만, 고층 상가가 많은 학원가에서는 7~8층에도 학원이 많다.

나처럼 덜컥 계약부터 하고 나면 취소하기 어렵기 때문에 계약 전에 반드시 꼼꼼히 따져봐야 한다. 학원은 2종 근린생활시설 중 교육연구시설에 포함되니 부동산 계약 시 한 번 더 확인하고, 나와 같은 실수를 하지 않으려면 새로 용도변경해야 하는 상가보다는 이미 교육시설로 인가된 상가를 계약하는 것이 좋다. 노후된 건물들은 용도변경하기가 쉽지 않기 때문이다.

상가 입지 선정 시 같은 건물에 청소년 유해업소가 있는지 없는지도 직접 확인해야 한다. 부동산 얘기만 믿지 말고 직접 건물을 층층

이 다녀보자. 노래방이 있는 건물에도 학원이 들어설 수 없으므로 계약 전 구청 및 교육청 확인은 필수다. 계약서에 사인하기 전에 부동산에 등기부 등본을 요구하여 이 사항들을 꼭 꼼꼼히 확인해 보길 바란다.

프랜차이즈 계약을 하고 이어서 상가 계약까지 끝낸 뒤라 금방 학원 원장이 될 줄 알았지만, 용도변경이라는 벽에 가로막히고 말았다. 용도변경이라는 큰 산을 넘고 소방시설 점검을 거쳐 마지막으로 교육청 승인을 받기까지 3개월이라는 시간이 소요되었다. 정말이지 피 말리는 3개월이었다.

견적보다 중요한
인테리어 업체의 진정성

학원을 오픈할 지역을 정하고 교육시설 용도의 상가까지 계약을 마쳤다면, 이제는 인테리어를 알아볼 차례다. 보통 프랜차이즈를 선택하면 본사에서 인테리어 업체를 지정해 주거나 주변에서 같은 프랜차이즈 학원 공사를 많이 한 인테리어 업체를 소개받게 된다. 프랜차이즈는 인테리어를 통일하는 편이어서 인테리어 마무리의 꼼꼼함과 디테일한 감각 정도를 빼면 이 업체들의 견적에는 크게 차이가 없다.

만약 업체를 직접 알아보고 싶다면 학원 인테리어 공사를 많이 한 업체를 선정하는 것이 좋다. 학원 공사를 많이 해본 업체는 앞서 얘기한 용도에 대한 지식도 있고 소방시설이나 교육청에서 요구하는 강의실 면적 등을 알아서 맞춰주기 때문이다. 학원 특성상 교육청에서 요구하는 기준 면적을 맞춰야 하는데, 이때 기준은 순수한 강의실 면적이다. 이런 기준을 잘 모르고 로비나 탕비실 등까지 면적으로 계산할 경우, 강의실 면적 때문에 어학원이 아닌 보습학원으로 승인받을 수도 있다. 또한 11층 이상의 건물에서는 벽체를 방염재 재질로 시공해야 한다. 인테리어 사장님이 이런 사항들을 알고 소방기준에 맞춰 시공하는지도 확인해야 한다.

프랜차이즈 학원의 경우 인테리어 콘셉트나 색상이 통일되어 있기 때문에 사설 인테리어 업체와 계약하면 프랜차이즈 기준에 맞추는 문제를 원장이 신경 써야 한다. 한번은 로고 바탕이 검은색이어야 하는데 그게 마음에 들지 않는다며 환한 핑크색으로 바꾸었다가, 프랜차이즈 본사에서 오픈 날짜를 미루면서까지 로고 색상의 통일을 요구하는 경우를 본 적도 있었다.

인테리어 현장 매일 방문하기

나는 프랜차이즈 회사에서 소개해준 인테리어 업체와 계약했다. 지정업체가 두 군데 있었는데 주변 원장님들의 추천을 받아서 그중 한 곳의 인테리어 사장님을 만났다. 선정 기준은 인테리어 사장님의 학원 인테리어 경험과 친절도였다.

구청과 교육청을 오가며 용도변경 문제로 발을 동동 구르고 있을 때 나타난 친절한 인테리어 사장님은 정말 구세주 같았다. 상가 용도에 문제가 있는 상태에서 인테리어 계약을 했는데 그때 인테리어 사장님이 용도변경에 대해 많은 조언을 해주셨다. 장애인 시설에 필요한 물품을 직접 사다 주셨고, 소방이나 교육청 승인에도 문제가 없도록 세세한 부분까지 신경 써 주셨다.

그때부터 나는 인테리어 사장님만 졸졸 따라다녔다. 인테리어 사장님이 아는 가구 업체나 에어컨, 간판 업체들을 소개해 주신 덕에 빠르게 학원의 모습을 갖출 수 있었다. 공사가 시작된 후에는 양손 가득 음료수를 들고 매일 학원을 방문했다. 일하시는 분들 입장에서는 어지러운 공사현장을 자꾸 돌아다니는 내가 귀찮기도 했겠지만, 공사가 진행되며 변화하는 모습을 보고 싶었고 잘 챙겨야 한다는 생각에 매일 드나들었다.

"보통 공사 시작하면 한두 번 오고 마는데 원장님은 매일 오시네요? 더 신경 써야겠네."

벽지 공사를 맡은 분들이 해준 말이다. 난 귀찮다는 생각에 가지 않는 것보다 공사현장을 자주 찾는 게 좋다고 생각한다. 음료수라도 들고 가서 일하는 분들에게 자꾸 여쭤보고 공사단계를 확인하는 게 좋다. 식사도 한두 번씩 대접하며 인테리어가 되어가는 모습을 확인하면 업체에서도 확실히 더 신경 써 준다. 많은 학원을 다니기 때문에 얻어듣는 정보도 많다.

공사현장을 방문해야 하는 가장 큰 이유는 무엇보다 인테리어 마무리 단계를 확인해야 하기 때문이다. 나는 결혼할 때 신혼집 인테리어를 업체에 맡기고 신혼여행을 다녀왔다. 다녀와서 보니 곳곳이 문제투성이였다. 바닥과 벽면을 이은 부분의 실리콘은 울퉁불퉁했고, 화장실조차 깨진 타일이 보일 정도였다. 작은 것 하나 고칠 때마다 전화를 여러 번 해야 했고 어쩌다 고쳐주겠다고 온 사람은 매번 처음 보는 사람이었다. 그때 알았다. 인테리어 공사는 끝나는 날부터 A/S가 불가능하다는 것을. 요즘 브랜드 아파트조차 입주 후 하자보수 문제로 뉴스에 나오지 않나.

학원도 그렇다. 겉모습은 그럴듯하게 갖춰도 하자가 발견되기 십상이다. 세세한 마무리가 필요한데 지켜보는 사람이 없으면 대충 마무리하고 끝낼 가능성이 높아진다. 그리고 공사기간이 끝나면 A/S를 받기가 쉽지 않다. 벽지가 살짝 들떠 있는 부분은 없는지, 시트지가 덜 붙은 부분은 없는지 공사가 끝나기 전에 확인해야 한다. 벽지에 파인 홈 하나 채우려고 해도 몇 통씩 전화를 해야 하고 그때마다 그분들이 방문하는 것도 쉬운 일이 아니다. 그러니 게시판 거는 곳에 못 하나 박는 것까지 부지런히 살펴보고 챙기자!

공사비용도 원장이 계속 공사현장을 방문해야 하는 이유 중 하나다. 보통은 학원이 처음이고 경험이 없다 보니 인테리어 견적서, 설계도만 보고 계약한 후 세세한 부분을 확인하지 못한 채 맡겨 버리는 경우가 많다. 프랜차이즈에서 받는 인테리어 견적서의 비용은 '학원 껍데기' 비용만 포함된 것임을 명심해야 한다. 칸막이, 벽지, 바닥, 문 몰딩 등의 기본 견적이 바로 '학원 껍데기' 인테리어다. 그 안에 채워야 하는 데스크나 로비 조명 등 세부적인 사항은 직접 챙겨야 한다. 여기서 어떻게 하느냐에 따라 비용에도 차이가 나고, 인테리어가 완성됐을 때의 느낌도 달라진다. 예를 들어 학원 천장을 그대로 둘 것인지, 천장에 벽지를 붙일 것인지, 형광등을 LED로 교체할 것인지 등을 꼼꼼하게 살펴서 결정하고, 이러한 것들이 견적서에 제대로 반영되어 있는지 확인해야 한다.

견적서에 어디서부터 어디까지가 포함되어 있는지 제대로 파악하지 않고 덜컥 계약하면 나중에 생각지도 못한 부분에서 추가 비용이 발생할 수 있다. 비용 계산이 잘못되면 창업준비자금 관리상 차질이 생기므로 주의해야 한다. 그러므로 계약하기 전에 인테리어가 완성된 상태의 이미지를 미리 보여달라고 요청하고, 붙박이장이나 수납장이 필요하다면 견적서 단계에서 추가하는 것이 좋다.

학원 인테리어 견적서 공통 사항

철거 공사, 칸막이 공사, 천장 공사, 문 공사, 몰딩(문, 천장, 걸레받이), 전기 배선 공사, 콘센트 및 스위치 설치, 바닥 공사, 도배 공사, 세면대 및 정수기 수도 공사, 화장실 공사

인테리어 업체와 의논해야 할 사항

• 벽지 색상

• 몰딩 색상

• 수납장 제작 비용 포함 여부(학원은 교재, 비품, 홍보물 등 수납할 장소가 필요하다)

• 세면대와 정수기 위치(수도선을 연결해야 하므로 미리 위치를 선정한다)

• 벽을 화이트보드나 블랙보드로 활용할 경우 인테리어할 때 위치 정하기

• 프로젝터 천장형으로 설치하기(하얀 벽이나 화이트보드로 스크린을 대체할 수 있다)

• 천장 공사유무 결정(있는 그대로 사용할 경우 비용을 절감할 수 있지만, 천장을 높이거나 천장 벽지 색을 밝게 하면 학원이 넓어 보이는 효과가 있다. 그러나 추가 비용이 발생한다는 점을 고려해야 한다)

• 칸막이의 경우 처음부터 폐쇄형으로 설계하기보다는 개방형이 실용적임

- 가구 업체, 간판 업체, 시스템 에어컨 업체 등 소개받기
- 간판 업체와 간판, 썬팅, 내부 썬팅 견적서 미리 받기(생각보다 비용이 크다)

아이 건강까지 고려한 인테리어

"어머, 여기 새집 냄새 너무 난다! 눈이 맵네. 우리 아이가 아토피가 있어서, 좀 나중에 보낼게요."

어렵게 한 첫 상담에서 학부모가 얼굴을 찌푸리며 돌아갔다. 창문을 모두 열어놓고 각종 냄새를 없앤다는 방향제도 사보고 촛불까지 곳곳에 켜 놓았지만, 아침에 학원 문을 열 때마다 내 눈도 매웠다.

새로 공사한 인테리어 냄새도 그렇지만 새로 들여온 가구에서도 새것 냄새가 났다. 말이 새것 냄새지, 몸에 좋을 리 없는 휘발성 유기화합물 냄새였다. 건축자재나 벽지에서 나오는 유해물질에는 벤젠, 포름알데히드 등 발암물질이 포함되어 있다고 한다. 새 아파트의 경우 보일러를 며칠 동안 가동시키고 환기를 하지만, 학원 건물은 온풍기와 에어컨으로 온도를 조절하기 때문에 그 방법도 쓸 수 없었다.

아이들이 오는 곳인 데다 학부모가 아이 건강을 걱정할 정도니 큰 문제였다. 인테리어 사장님이 알려주신 민간요법 같은 방법으로 양파까지 동원해 학원 곳곳에 놓아두었고 숯을 구입해서 물을 부어 학원에 놓았다. 큰 화분도 들여놓았다. 로비에 화분을 잔뜩 채우고 매일 아침마다 물뿌리개를 들고 다니며 화분에 물을 줬다. 나중에는 공기청정기까지 구입했다. 학원의 쾌적한 공기를 위해 정말 많은 돈을 투

자했다.

아무리 가정집에서 쓰는 친환경 소재로 바닥재와 벽지를 시공하더라도 공사과정에서 생기는 새집 증후군은 새 학원에서도 피할 수 없다. 이때 아이들의 눈이나 피부가 맵지 않도록 공사 후 미리 환기하는 것은 물론 세세한 사후 관리가 필요하다. 내가 선택한 방법은 화분이었다. 공기 청정 효과가 높다는 산세베리아를 50개씩 구입해서 아이들 책상마다 놓아두었다. 학원은 아이들이 많이 모이는 곳이다. 아이들 건강에 인테리어 효과까지 볼 수 있는 방법으로 화분을 놓는 것을 추천한다. 보통 개업선물로 받은 화분들이 많이 죽어 나간다. 학원 안에서 식물을 키우는 것은 쉽지 않고 굉장히 번거로운 일이지만, 그래도 아이들이 보다 질 좋은 공기를 누리게 하려면 노력을 기울여야 한다.

우리 학원에서도 초창기부터 여러 화분이 죽어 나갔지만 이제 요령이 생겼다. 식물에 물을 주며 학원의 하루를 시작하는 것은 꽤 괜찮은 편이다. 학원에 다니는 아이들도 새 화분이 생길 때마다 관심을 보이며 좋아한다. 어쩌면 가장 저렴한 인테리어 소품일 수도 있다.

학원을 오픈하고 몇 년 후 사스, 메르스, 신종 플루 등 신종 호흡기 질병이 유행했다. 아이들이 학교도 못 갈 정도로 심각한 상황이라 학원에서도 혹시 누가 아플까 걱정이었다. 나는 그때마다 소독기, 체온계, 손 세정제 등을 학원에 구비하여 학부모들의 불안을 줄이려고 애썼다. 신종 플루 때는 학원을 두 개 운영하고 있었는데 두 학원에 각

각 체온계를 일곱 개씩 구비해 두고, 선생님마다 하나씩 들고 다니며 아이들의 열을 체크하고 수업을 시작했다.

학부모들은 아이가 공부하는 환경도 신경 쓰기 마련이다. 학원을 오픈할 때 예쁘게 인테리어를 하는 것도 중요하지만, 학원을 운영하면서 자주 환기하고 녹색식물도 키우면서 깨끗한 환경을 유지하는 것이 더욱 중요한 인테리어라고 생각한다.

자금계획에서 현실은
늘 상상을 뛰어넘는다

산 너머 산이라고, 자금문제도 만만치 않았다. 5,000만원이면 시작할 수 있다는 것은 정말이지 그게 최소비용이라는 뜻이었다. 나는 가맹비 500만원, 상가보증금 3,000만원, 인테리어 비용 2,000만원만 있으면 되는 줄 알았다. 프랜차이즈 업체에서 지정한 인테리어 업체와 계약하고, 그 인테리어 업체 사장님이 소개한 분들과 가구와 간판, 에어컨까지 계약했다. 앞서 언급한 것처럼 인테리어 비용 2,000만원은 말 그대로 벽지, 바닥, 문 몰딩 등 학원 껍데기 인테리어 비용이었다. 가구 및 집기 1,000만원, 간판 및 창문 썬팅 1,000만원, 천장형 에어컨 1,000만원 등 각 항목마다 비용이 딱 1,000만원씩 초과되었다.

5,000만원이면 학원을 오픈할 수 있는 줄 알았던 나는 3,000만원이라는 부채를 떠안고 학원을 시작하게 되었다. 착실히 월급 받으며 통장 잔고 늘리는 재미에 살았던 내가 학원을 오픈하기도 전에 사채를 써야 하나 고민할 정도였다. 오픈 날짜는 자꾸 미뤄졌고, 대출을

알아보러 다니는 일이 하루 일과였다. 개인사업자에게는 은행 대출 문턱이 높기 때문에 그마저도 쉽지 않았다.

살 때는 수백만원, 팔 때는 쓰레기

학원 창업에서 초기 창업비용은 중요한 문제다. 나는 잘 몰라서 5,000만원으로 용감하게 시작했지만 자금 문제로 1년간은 꽤 힘들었다. 프랜차이즈 가맹비나 상가 보증금처럼 반드시 필요한 고정자금뿐만 아니라 인테리어와 가구, 집기 등도 염두에 두고 자금계획을 잘 짜야 한다.

나는 동시에 두 개의 학원을 운영한 적이 있다. 첫 번째 학원이 잘될 때 아이들을 더 받을 자리가 없어서 옆 동네에 학원을 하나 더 냈다. 새 학원이라는 욕심에 첫 번째 학원보다 더 신경 써서 인테리어, 집기 비품에만 4,000만원을 투자했다. 천장형 시스템 에어컨 두 대, 새 책상, 새 의자, 붙박이 로비와 대형 책장 그리고 파란 하늘에 구름 무늬가 있는 천장공사에 화려한 유리벽까지!

3년 후 그 학원을 내 손으로 철거하며 비싸게 주고 산 비품들을 싼값, 아니 헐값에 처분해야 했다. 시스템 에어컨을 설치할 때 두 대 견적이 600만원이었는데, 폐업하며 거의 새것이나 다를 바 없는 에어컨 두 대를 팔아 내 손에 쥔 돈은 90만원이 고작이었다. 그 90만원도 받기까지 1년이 걸렸다.

"아저씨, 에어컨 우리가 필요할 때 주신다고 했잖아요. 돌려주세요."

"창고 담당자가 없어져서 나도 그게 어디 갔는지 모르겠다니까!"

학원을 철거할 때 우리 에어컨을 대신 팔아주거나 당분간 맡아주겠다고 가져간 사람이 돌려줄 생각을 하지 않았다. 전화를 수십 통은 한 끝에 겨우 90만원을 받을 수 있었다.

개당 5만원 이상 주고 산 책상, 하나에 7만원 이상이었던 교사 책상도 제값을 못 받기는 마찬가지였다. 책상을 처분하기 위해 중고 가구업체 아저씨에게 연락했더니 가져가는 조건으로 20만원을 내라는 게 아닌가.

"이거 책상 50개랑 의자 50개, 선생님 책상도 3개 있어요."
"요즘 이런 거 아무도 안 가져가요. 독서실 책상 가져가면 우리가 돈 주고 버려야 한다니까요."

돈을 줘도 안 가져간다는 곳이 대부분이었다. 학원을 새로 오픈하면서 들뜬 기분에 새 물건을 구입했던 것이 실수였다. 아무리 새것이어도 처분할 때는 쓰레기 취급을 받았다. 모든 걸 새것으로 채우려는 생각을 버리고 중고시장을 적극 활용하길 바란다. 누군가에게는 처분 못할 쓰레기이지만 필요한 입장에서는 적지 않은 비용을 절약할 수 있다.

중고업체와 거래를 트고, 새것이나 마찬가지인 책상이나 집기가 나오면 먼저 연락해달라고 부탁하는 것도 좋은 방법이다. 폐업하는 학원도 많고 사무실에서도 거의 새것이나 마찬가지인 책장, 책상 등이 많이 나온다. 한때 유행하던 독서실용 책상은 이제 처분하려면 상당한 돈을 내야 한다.

중고시장을 잘 이용하면 인테리어 비용을 줄일 수 있다. 간단한 인테리어의 경우 원장이 직접 중고 책상에 시트지를 붙이는 등 DIY를 하는 경우도 많다. 예산을 꼼꼼하게 잡고 직접 발품을 팔면 초기 창업비용을 줄일 수 있는 방법은 많다.

주변 상가 업종도 중요하다!

두 번째 학원의 폐업은 학원을 하는 동안 나에게 가장 큰 시련이었다. 실패 이유는 여러 가지였지만, 폐업을 결정한 직접적인 이유는 천장에서 새는 물 때문이었다.

두 번째 학원 위층은 오래된 동네 목욕탕이었다. 처음 인테리어 단계부터 천장에서 물이 떨어졌다. 인테리어 사장님이 먼저 발견해서 목욕탕에 알렸고 공사하는 동안 천장 수리를 해준다고 했다. 결국 천장 방수 공사를 위해 목욕탕 사장님에게 학원 열쇠를 넘겨주었고 더이상 물이 떨어지지 않아서 문제가 없는 줄 알았다.

그런데 3년 내내 학원 천장에서는 잊어버릴 만하면 물이 떨어졌다. 그때마다 목욕탕 사장님을 찾아갔고, 그때마다 주말을 이용해 공사해 주겠다고 하기에 여러 번 학원 비밀번호를 알려드렸다. 건물주에게도 계속 알렸지만, 목욕탕 사장님을 탓하며 나보고 항의하라고 했다.

3년이 지나 학원 천장을 뜯고야 알았다. 천장에는 곳곳에 양동이가 놓여있었다. 주말마다 공사해 주겠다고 하더니 임시방편으로 천장을 뜯고 물받이를 놓았던 것이다. 너무 화가 나서 목욕탕 사장님에게 항의했고, 건물주도 강하게 천장 수리를 요구했다.

"천장 수리를 하려면 공사가 오래 걸려서 학원을 2주일 정도 닫아야 할 것 같은데요."
"2주일이요? 그럼 학원 비품은요?"
"우리가 다 비닐 씌워놓고 할 거예요. 걱정 마세요."

여러 가지로 지쳐 있던 터라 나는 고민 끝에 학원 폐업을 결정했다. 학부모님들에게 학원 공사 사정을 알리고 이번 달까지 수업을 마무리하고 학원을 폐업하겠다고 공지했다. 그리고 철거일에 학원을 방문한 나는 깜짝 놀랐다. 천장 공사로 학원 가구는 모두 하얀 눈을 맞은 듯 엉망이었고 천장에서 떨어진 가루들로 바닥이 안 보일 정도였다. 비닐을 씌워놓는다고 해결되거나 1~2주 만에 해결될 문제가 아니었던 것이다. 학원 폐업을 결정했다고 알리는 바람에 피해보상을 한 푼도 받을 수 없었고, 건물주가 계약기간 중이라며 보증금도 늦게 돌려줬다. 그것도 공실 기간의 관리비까지 다 제하고 말이다.

눈물을 뚝뚝 흘리며 공들인 내 학원 인테리어가 철거되어 나가는 걸 지켜봐야 했다. 고급스럽게 페인트칠까지 해서 만들어 놓은 붙박이 대형 원서 책장과 데스크 로비는 그대로 철거 폐기물이 되었다.

지금 생각하면 지나치게 성급한 결정이었으며, 나의 손해를 입증하고 보상을 받아야 했지만 그런 건물을 계약한 것도 내 잘못이었다. 목욕탕 사장님도 영세한 사업자였고 건물도 내가 학원을 폐업한 후 한동안 새 임차인을 못 찾을 정도로 자리가 좋지 않아 건물주도 여유 있는 상황은 아니었다.

정말 현장에서는 상상을 초월하는 문제들이 곧잘 발생한다. 내 잘못이 아닌데도 손해를 봐야 하고 꼼꼼히 알아보는데도 놓치는 일이 많다. 그래서 창업 초기 준비과정이 중요하다. 나와 같은 시행착오를 겪지 않으려면 무작정 덤비기보다 철저한 준비와 계획을 갖춰야 한다. 나의 실수들이 새 학원을 준비하는 예비 원장님들에게 도움이 되길 바란다.

소방점검과 교육청 승인,
꼼꼼하고 철저하게 검토하기

이제 창업의 마지막 단계만 남았다. 지역선정부터 자금계획까지 학원 창업 준비를 마쳤다면 이제는 서류준비를 꼼꼼하게 해야 한다. 해당 지역 교육청 홈페이지에 들어가면 학원 업무에 해당하는 카테고리가 있다. 여기에 학원을 개원할 수 있는 모든 정보가 있다고 보면 된다. 서류를 준비할 때는 인테리어 업체에 미리 받아야 할 서류를 요구하고, 구청에서 건축물 대장을, 경찰서에서 강사 채용에 필요한 강사 성범죄 조회 서류를 준비하면 된다. 교육청에 서류를 접수하면 교육청에서 소방서에 소방시설 점검을 의뢰한다. 소방시설 관련 서류는 인테리어 사장님에게 미리 부탁하고, 11층 이상 건물일 경우 반드시 방염필증이 있어야 하므로 인테리어 계약 시 미리 업체에 확인해야 한다.

교육청 승인 신청 시 어학원과 보습학원 기준을 확인하자!

학원 창업 마지막 단계는 소방점검과 교육청 승인을 받는 것이다. 인테리어가 끝나면 교육청에 건축물대장을 가지고 가서 상담을 받아야 한다. 교육청에서는 영어학원을 승인할 때 어학원과 보습학원으로 나누는데, 이때 기준은 강의실 면적이다. 내가 있는 인천에서는 강의실 면적이 $60 \, m^2$ 이상(18.1평)이면 보습학원, $120 \, m^2$ 이상(36.3평)이면 어학원으로 승인한다. 로비나 공용공간을 빼고 순수하게 강의실 면적을 기준으로 삼기 때문에 인테리어 사장님과 사전에 강의실 면적 기준을 정해야 한다.

어학원이라고 하면 꼭 원어민이 있어야 할 것 같지만 사실은 원어민 수업이 없어도 어학원 인가를 받을 수 있다. 단, 교습소는 1인 학원이어야 하고, 보습학원에서는 원어민 수업을 할 수 없다. 보습학원과 어학원은 학원비 신고 기준이 다르고 어학원이 보습학원보다 학원비를 많이 받을 수 있다.

나도 처음에는 어학원은 반드시 원어민 수업을 해야 하는 등 기준이 더 엄격한 줄 알았다. 그래서 처음에 보습학원으로 승인을 받았는데 우리 학원은 충분히 어학원 승인이 나는 면적이었다. 1년 후 어학원으로 다시 승인받은 이후 원비 기준에서 조금 자유로워질 수 있었다. 그리고 대다수의 학부모들이 보습학원보다 어학원을 더 급이 높다고 인식하기 때문에 면적 기준이 된다면 어학원으로 승인받는 것이 유리하다.

학원은 교육청과 밀접한 관계가 있다. 교육청 인가를 받아야 학원을 시작할 수 있고, 개원 이후에도 학원 강사 채용이나 수강료 변경 때마다 반드시 교육청에 신고해야 하며, 원장과 강사는 매년 연수에 참가해야 한다. 교육청에서 학원등록증이, 세무서에서 사업자등록증이 나오면 드디어 내 학원이 생긴 것이다.

보습학원으로 시작할 것인지 어학원으로 시작할 것인지는 학원 상가 계약 시부터 고려해야 할 사항이다. 보습학원과 어학원을 구별하는 기준은 ①강의실 면적, ②원어민 수업 여부, ③수강료다.

첫째, 학원 인허가 면적을 기준으로 70㎡ 이상(서울), 60㎡ 이상(인천, 경기)이면 보습학원이고, 150㎡ 이상(서울), 120㎡ 이상(인천), 90㎡ 이상(경기)이면 어학원이다. 주의할 점은 학원 전체 면적 기준이 아니라 강의실 면적 기준이라는 점이다. 인테리어 공사 시 학원 면적이 충분히 넓은데도 불구하고 로비나 창고 크기를 크게 하는 바람에 어학원 면적이 안 나오는 경우도 있으니 반드시 인테리어 사장님과 강의실 면적을 확인해야 한다(인테리어 업체에서 받은 평면도를 가지고 해당 교육청에 확인받는 것이 가장 확실하다).

두 번째, 어학원에서는 원어민 수업을 할 수 있지만 보습학원에서는 원어민 수업이 불가하다. 어학원으로 승인받는다고 해서 반드시 원어민 수업을 해야 하는 것은 아니다.

마지막으로, 보습학원과 어학원은 수강료 기준금액이 다르다. 지역별로 차이는 있지만 어학원이 기준 수강료가 조금 높은 편이다. 이 세 가지를 염두에 두고 내가 하려는 학원의 특징을 따져서 보습학원과 어학원 중에 선택하면 된다.

학원 창업 기본 절차

지역선정 → 시장조사 → 부동산 방문 → 상가 계약 → 구청 방문(용도에 문제가 있는 경우) → 인테리어 계약 → 건축물 대장, 인테리어 평면도 지참 후 교육청 상담 → 소방 점검 → 교육청 승인 → 사업자등록증 발부

상가 계약 노하우

- 상가 계약 시 용도 확인은 필수다(2종 근린생활시설 중 교육연구시설).
- 학원 위치가 3층 이상인 경우, 그 층 학원 전용면적의 합계가 200㎡ 이상인 경우 공용 직통 계단 2개가 반드시 필요하다.
- 교육청 어학원 승인 기준인 순수 강의실 면적을 확보한다(120㎡ 이상).
- 최소 창업자금을 파악하고 그에 맞춰 예산을 세운다.

입지선정 노하우

- 입지의 용도 알아보기(학원 설립이 가능한 2종 근린생활시설인지 확인)
- 건물의 노후 정도, 공실 여부
- 건물 내에 유해업소의 유무(교육환경 유해업소-극장, 호텔, 여인숙, 유흥주점, 단란주점, 노래연습장, 무도장, 게임장 등)
- 건물 내 입주한 학원이 있는지 알아보기(피아노, 태권도 등 아이들이 다니는 학원)
- 엄마들이 많이 모이는 카페 등이 있는지 여부
- 보증금 및 월세가 자신의 예산과 맞는지 따져보기
- 건물 등기부 등본 확인하기(건물 용도 확인, 같은 건물 상가의 유해업소 확인, 평면도 확인시 필요)

인테리어 노하우

인테리어 공사 시 주의해야 할 교육청 규정

- 학원시설 기준 강의실 연 면적: 보습학원 60㎡ 이상, 어학원 120㎡ 이상(강의실 면적만 계산)
- 방염대상 확인: 11층 이상인 건물의 경우 방염필증을 제출해야 함(벽지 필름, 블라인드는 방염제품 사용 의무화)

자금계획 노하우

1. 학원 창업 시 자금계획

- 건물 보증금 및 6개월 월세 예비비(지역별, 면적별 차이 있음)
- 인테리어 비용(면적당 60만~80만원, 디자인 및 마감재 등에 따라 차이 있음)
- 시스템 인테리어(냉, 난방기), 학원 집기, 가구, 간판, 썬팅 등(1,500만~2,000만원)
- 프랜차이즈 학원의 경우 가맹비 및 초도 물품비(500만~1,000만원)
- 개원 초기 홍보비(500만~1,000만원)
→ 이 금액은 인천 지역 약 132㎡(40평) 기준 어학원의 예시이다. 지역별, 브랜드별로 차이가 있을 수 있지만 예비비는 계획한 예산의 20~30% 정도로 준비해야 창업 초기에 부담을 줄일 수 있다. 창업 과정에서는 예산이 초과되는 게 일반적이므로 넉넉하게 준비하는 게 좋다.

2. 학원 창업, 얼마나 있어야 가능할까?

나는 자금이 넉넉하지 않은 상태에서 학원을 창업했기 때문에 창업 초기에 미처 예상하지 못한 비용초과로 어려움을 겪었다. 지역별, 프랜차이즈별로 차이는 있겠지만 창업을 준비할 때 나의 사례를 참고하면 도움이 될 것이다.

▶ 첫 번째 학원: 50평 상가, 교사 1명

1. 건물 보증금: 3,000만원 / 월세 150만원, 관리비 월 50만원(6층 건물 중 3층 / 입지 좋음)
2. 인테리어: 2,000만원(3면이 유리창이고 상가 분위기가 환해서 장식 없이 깔끔하게 최소한으로 인테리어를 함. 강의실 2개 / 원장실 1개 / 도서관 1개 / 로비)

3. 프랜차이즈 가맹비, 초도 물품비: 1,000만원

4. 시스템 에어컨 2대 / 스탠드 에어컨 1대 / 벽걸이 에어컨 1개: 1,000만원

5. 간판 / 외부 썬팅 / 내부 썬팅 / 게시판: 800만원

6. 독서실 책상 70개 / 교사책상 3개 / 교사의자 3개 /원장실 책상 1개 / 상담책상 1개 / 의자 70개 / 대형 책꽂이 4개: 500만원

7. 어학기 50대: 200만원(카세트 플레이어 기준)

8. 컴퓨터 3대 /프린터기 2대 /출결 인식기 / 프로젝터 및 롤스크린 / 대형 화이트보드 2개 /학원 CCTV: 1,000만원

9. 홍보 전단지 및 초기 홍보물(6개월): 500만원

10. 예비비(6개월): 2,000만원(초기 6개월간 학원생이 1~10명 내외여서 교사 급여 및 월세, 관리비를 거의 예비비에서 지출)

→ 합계: 약 1억 2,000만원(예비비 포함)

▶ 두 번째 학원: 30평 상가, 교사 1명

1. 건물 보증금 1,500만원 / 월세 50만원 / 관리비 30만원(8층 건물 중 5층 / 건물 노후/ 입지 좋지 않은 편)

2. 인테리어 1,800만원(상가가 어두워서 칸막이를 유리로 시공하고 입구 천장을 높여 하늘 벽지를 사용, 상담 책상과 대형 책장을 붙박이로 시공, 강의실 1개 / 원장실 1개 / 복도)

3. 시스템 에어컨 2대: 600만원

4. 프랜차이즈 가맹비 및 초도 물품비: 500만원(두 번째 계약이라 할인)

5. 간판 안 함, 외부썬팅, 내부썬팅 최소화: 200만원

6. 독서실 책상 50개 / 교사책상 2개 / 의자 50개: 300만원

7. 어학기 25대: 100만원 (카세트 플레이어 기준)

8. 컴퓨터 1대 / 프린터 대여: 100만원

9. 홍보 전단지 및 초기 홍보물(6개월): 100만원(기존 학원 브랜드 인지도가 있어서 초기 홍보비 절약)

10. 예비비(6개월): 300만원(기존 학원생의 이동으로 처음부터 10명 정도 원생 확보)

→ 합계: 약 5,500만원

소방점검, 교육청 승인 노하우

- 인테리어 업체에 요구할 서류 4가지: 시설 평면도, 소방시설 설치 내역서 및 소방 간선 평면도, 소방시설 완비 증명서, 방염필증
- 강사 채용 시 강사 성범죄 조회서(해당 경찰서 발급), 졸업증명서, 채용증명서 제출
- 어학원, 보습학원 기준은 강의실 면적

1. 건축물 대장 지참 후 상담	1. 해당 장소의 용도 확인(2종 근린생활시설, 교육연구시설 용도)	500㎡ 미만인 경우: 1종 근린생활시설, 2종 근린생활시설, 교육연구시설 모두 가능 500㎡ 이상인 경우: 교육연구시설만 가능
	2. 유해업소 저촉 여부	유해업소 종류: 청소년 게임 제공업, 노래방, 단란주점, 호텔 등
	3. 동일 건물 내 학원 유무	학원 위치가 3층 이상인 경우, 그 층 학원 및 교습소 전용면적의 합계가 200㎡ 이상인 경우 공용 직통 계단 2개가 반드시 필요
	4. 강의실 면적	보습학원 60㎡ 이상 어학원 120㎡ 이상 *순수 강의실 바닥 면적의 합계
	5. 시설기준	강의실 안에 문이 있으면 안 됨 칸막이 변경 시 신고해야 함
	6. 소방 관련 사항	11층 이상인 건물의 모든 층은 소방서에서 발급한 방염필증 제출해야 함
2. 신청서 접수	*구비 서류 1. 학원 위치도(인터넷에서 지도를 출력해서 표시해 가면 된다) 2. 시설 평면도 3. 건축물 대장 1부(표제부, 학원 전유부문 모두 필요) - 이때 학원 건물에 유해업소가 있는지 확인한다. 4. 임대 계약서 5. 신분증	

	6. 강사 채용 서류(성범죄 경력 조회) 7. 소방시설 설치내역서 및 소방 간선 평면도(해당 소방서 문의) 8. 소방시설 완비 증명서 9. 방염필증(11층 이상 건물의 경우) * 2, 7, 8, 9번 서류는 인테리어 업체에 미리 부탁해 놓는 것이 좋다.	
3. 서류 검토(교육지원청)	서류상 이상 유무 검토	
4. 결격 사유 조회 및 소방점검 의뢰(교육지원청)	경찰서에 교사 성범죄 아동학대 조회 의뢰 소방서에 소방시설 점검 의뢰	
현장 조사(교육지원청)	시설, 설비의 기준 적합 여부 교육환경 유해업소의 유무 화장실 남녀 구분 여부 직통 계단 공동 사용 여부 장애인 시설 등 현장 실사	교육청 직원과 미리 약속을 잡고 학원을 방문한다. 이때는 강의실 면적, 시설 점검이 주로 이루어진다.
등록증 교부	학원 설립, 운영 등록증(면허세 고지서) 교부 * 면허세 납부 후 우편으로 학원 설립, 운영 등록증이 온다.	

(출처: 인천광역시 북부 교육지원청)

사업자등록증 신청

인테리어가 끝나고 교육청에서 학원 등록증이 나오면 사업자등록을 한다. 개인사업자등록은 지역 국세청에서 담당한다. 사업자등록증이 나오면 카드 단말기를 설치하고 학원생의 등록을 받을 수 있다. 수입이 생기는 동시에 납세의 의무도 함께 생긴다. 임대차 계약서 사본과 신분증을 가지고 세무서에 가서 사업자등록 신청서를 작성하면 된다(요즘은 국세청 홈텍스에서 신청 및 발급할 수 있다). 이때 내 건물이 아닌 임대의 경우 「상가건물 임대차보호법」에 의한 확정일자를 함께 받아야 하는데, 필요한 서류는 임대차 계약서 원본과 학원 해당 부분의 도면이다. 「상가건물 임대차보호법」의 보호를 받기 위해서는 관할 세무서에서 사업자등록과 임대차 계약서에 확정일자를 받은 뒤 영업을 시작해야 한다.

→ **상가건물 임대차보호법 제5조**: 확정일자를 받은 임차인은 문제가 생겼을 때 보증금을 우선적으로 변제받을 권리가 있다.

창업 초기어

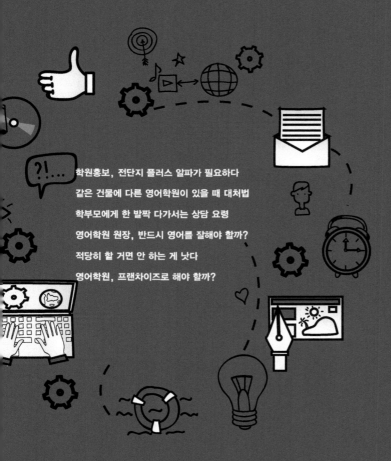

?!....

학원홍보, 전단지 플러스 알파가 필요하다

같은 건물에 다른 영어학원이 있을 때 대처법

학부모에게 한 발짝 다가서는 상담 요령

영어학원 원장, 반드시 영어를 잘해야 할까?

적당히 할 거면 안 하는 게 낫다

영어학원, 프랜차이즈로 해야 할까?

살아남기

학원 홍보,
전단지 플러스 알파가 필요하다

인테리어 공사가 끝나고 우여곡절 끝에 드디어 학원을 오픈했다. 오픈을 준비하며 학원 원장들이 가장 많이 하는 고민이 홍보다. 본사에서는 홍보란 바닥에 전단지가 밟히도록 하는 거라고 했다.

2007년 학원을 오픈할 당시 내가 계약한 프랜차이즈도 3년차 초창기였고 부평지역에서는 그 프랜차이즈가 많지 않아서 아무도 우리 영어학원 이름을 몰랐다. 정말 길바닥에 전단지가 밟히도록 홍보를 했다. 그러나 결과는 좋지 않았다. 내가 실패한 홍보 방법들을 알려주려고 한다. 학원 오픈은 음식점, 카페, 치킨집 오픈과 달라서 홍보도 달라야 한다는 것을 그때는 몰랐다.

전단지 홍보, 맨땅에 헤딩하기

오픈 설명회 전단지를 2만장 주문하고 본격적으로 홍보 준비를 시작했다.

첫 번째 홍보방법은 신문에 전단지를 끼우는 것이었다. 한 번에 4,000장씩 3번 끼우기로 계약했다. 신문에 삽지하는 광고인데 당시 보통 1장당 20원 정도였고 그 지역에 신문을 보는 세대수로 계약했다.

예를 들어 ○○구 ○○동에 홍보를 원하면 전체 세대수 중 신문을 보는 세대에 4000장씩 3번 신문삽지가 되는 것이다. 주의할 점은 실제로 신문을 보는 세대가 그렇게 많지 않기 때문에 3개 이상의 신문사에 동시 진행을 해야 한다는 것이다. 그리고 최소 수량을 1만부 정도로 계약하기 때문에 규모가 작은 학원에서는 실제 아이들이 오는 지역보다 더 넓은 지역에 전단지가 배포된다. 월, 수, 금 주 3일로 계약하고 홍보비를 24만원 냈다. 그 뒤로도 수시로 신문삽지 전단 홍보에 100만원가량을 썼지만 크게 효과를 보지 못했다.

두 번째 홍보방법은 직접 발로 뛰는 거였다. 비닐 봉지에 전단지와 사탕을 넣고 스티커를 붙여서 4,000개를 만들었다. 학교 앞에서 경비 아저씨 눈치를 보며 나눠주고, 횡단보도에서도 만나는 사람마다 나눠주고 다녔다. 인테리어 기간인 2주 동안 학원에 들러서 진행 상황을 확인하고 나면 매일 학교 앞에 나가서 전단지를 뿌리는 일이 나의 주 업무였다.

학교 앞에서 열심히 나눠주면 아이들은 사탕만 빼고 전단지와 봉투는 바닥에 버렸다. 밤새 접은 전단지가 바닥에 쓰레기로 굴러다니는 걸 보면 얼굴이 화끈거렸다. 나는 열심히 쓰레기를 수거했다. 안 그러면 학교 경비아저씨가 엄청나게 무서운 표정으로 쫓아왔기 때문이다. 그러나 맨땅에 헤딩한 홍보 중에 유일하게 효과를 본 방법이 학교 앞에서 나누어준 두 번째 홍보방법이었다. 가끔 아이가 가져온 전단지를 본 학부모가 전화 상담을 해오기도 했고, 무엇보다도 인지도가 없던 우리 학원 이름을 알릴 수 있는 가장 좋은 방법이었다.

세 번째 홍보방법은 모자를 푹 눌러쓰고 밤마다 아파트를 다니는 거였다. 내가 학원을 시작할 당시만 해도 아파트 현관에 번호키 같은 보안장치가 없어서, 금요일 밤이 되면 남편과 전단지 가방을 메고 아파트 단지에 들어가 집집마다 문 앞에 전단지를 붙였다. 한번은 우편함에 전단지를 넣다가 경비아저씨한테 걸려 호되게 혼난 뒤 다시 빼러 다닌 적도 있었다.

네 번째 홍보방법은 아파트 부녀회에서 운영하는 단지 내 홍보를 이용하는 방법이었다. 엘리베이터 거울에 문구를 넣고 그 비용을 내기도 하고, 게시판에 1주일에 3만~5만원씩 내고 전단지를 게시했다. 현수막을 걸 때는 1주일에 10만원 정도가 들었다.

다섯 번째 홍보방법은 비싼 부직포 장바구니를 만들어 뿌리는 거였다. 나는 홍보물이 뭔지도 모르고 그저 엄마들이 좋아하니까 2,000원짜리 장바구니를 길거리에서 1,000개씩 뿌렸다.

홍보는 그야말로 돈 전쟁이었다. 인테리어가 1,000만 단위였다면 홍보는 100만 단위로 깨졌다. 뿌리고 또 뿌리고, 제발 우리 학원 설명회에 와 달라고 돈을 펑펑 써대도 우리 학원 첫 오픈 설명회에 온 학부모는 단 두 명이었다. 프랜차이즈 본사에서 홍보는 바닥에 전단지가 밟히도록 하라고 했지만, 지금 생각해 보면 학원 홍보를 잘못 생각한 것이 문제였다. 고객은 전단지를 보고 학원을 찾아오지 않는다. 내 아이 영어학원을 고민하다가 길거리에서 나눠주는 전단지를 보고 여기 보내야겠다고 생각해 본 적이 있는가?

학원 원장들끼리 하는 얘기가 있다. 전단지 1,000장 뿌리면 전화는 한 통 온다고. 사실은 그것도 안 올 때가 더 많다. 아이들 손에 들린 전단지가 엄마한테 전달될 거라고 기대하지 말자. 아이가 잔뜩 가져온 전단지와 비닐을 분리수거하며 귀찮아한 적이 있을 것이다. 내가 싫은 건 남도 싫은 거다.

신규 학원을 노리는 '홍보 장사꾼들'

홍보가 절실할 때일수록 쉬운 방법에 자꾸 눈이 가게 마련이다. 그리고 그 쉬운 방법은 알고 보면 사기이거나 들인 비용만큼 효과를 얻을 수 없는 경우가 많았다.

첫 번째로 학원 원장들이 가장 흔히 넘어가는 것이 전단지를 대신 뿌려준다는 업체다. 학교 앞에 몇 번 나가서 이미 얼굴이 화끈거리는 경험을 해본 초보 원장들에게 대신 전단지를 뿌려준다는 업체는 마치 구세주와 같다. 전단지 장수에 따라 비용을 지불하기로 덜컥 계약하고는 저절로 홍보가 되겠지 하고 기대한다. 보통은 동네 할머니들이나 어린 대학생들이 전단지를 뿌리러 나가는데 계약한 장수대로 홍보가 되지도 않고 학원 이미지에도 좋을 게 없다. 생각해 보자. 원장이 직접 정성스레 "○○영어학원입니다"라며 정중하게 아이들과 눈인사를 나누면서 나눠주는 홍보물과 아이들 손에 덥석 쥐어주기만 하는 홍보물 중 어느 것이 더 효과적일까?

　두 번째는 홍보를 대신 해준다고 연락해 오는 업체들이다. 이런 업체는 계약 기간에 신규 학원생이 들어오면 첫 원비의 몇 프로를 수수료로 받아간다. 홍보물도 알아서 제작하고 학교 앞 홍보에도 적극적이기 때문에 반짝 효과를 보는 경우도 더러 있다. 그러나 그 기간에 들어오는 신규 학원생이 꼭 그 업체로 인해 온 것이 아닐 수도 있고, 계약 기간에 신규 학원생이 하나도 늘지 않으면 원장과 분쟁이 생기기도 한다. 그러므로 계약할 때 조건을 꼼꼼히 살펴봐야 한다.

　세 번째는 은행, 관공서, 복지관 등에 거울 및 시계로 홍보해 준다는 업체들이다. 보통은 몇백만원 단위이며, 거울 등에 학원 로고와 연락처를 넣어 사람들이 많이 다니는 곳에 설치해 준다고 하는데 어느 순간 보면 없어져 버리는 경우도 많다. 그리고 지정 게시대가 아니면 현수막 하나를 붙여도 불법인 것을 이용하여 학교 앞 교통안전 및 안내 문구에 학원 로고를 함께 넣어준다고 해놓고는 실제로 가보면 나무에 가려 보이지 않는 경우도 흔하다.

　덧붙여 내가 경험한 무의미한 비용투자를 소개하고자 한다. 신종 플루로 학원들을 위한 학원 소독과 공기 청정에 예민할 시기였는데 한 공기청정기 업체가 학원을 찾아왔다. 학원생이 많은 학원만 지정해서 무료로 공기청정기를 설치해 준다면서 큰 공기청정기는 무료로 설치해 줄 테니 작은 공기청정기만 계약하라고 했다. 어차피 공기청정기가 필요하겠다고 생각할 때여서 내가 운영 중인 두 학원에 다 설치하겠다고 계약서를 작성했다. 나중에 알고 보니 할부라고 했던 100만원 상당의 금액은 제2금융권에 높은 이자를 내는 할부였고, 그 공기청정기는 필터 하나를 교환하려고 해도 한 달씩 걸리는 영세한 업체였다.

두 번째로 기억나는 업체는 LED형광등 업체였는데, 국가에서 지원해주는 사업이라며 우리 학원 형광등을 모두 LED로 교체해 준다고 했다. 교체는 무료이니 LED로 바꿔 절감한 전기료 금액만큼만 2년간 업체에 보내라고 했다. 앞서 공기청정기 때 한 번 당한 경험이 있어서 계약 당일에 계약서를 꼼꼼히 살펴보니 또 제2금융권에 할부를 내는 내용이었다. 그것을 확인하고 안 한다고 하니 담당자는 크게 화를 내며 학원을 나갔다.

실제로 동네 학원들에는 이런 일이 흔하게 일어난다. 이곳은 사업을 하는 전쟁터이고 내가 모르면 당할 수밖에 없는 일들이 많다. 계약서 하나하나에 쉽게 사인하지 말고, 사인하기 전에 주변 원장님들에게라도 물어보자. 비슷한 경험을 한두 번쯤은 다 해봤을 것이다.

학원 홍보의 플러스 알파, 아이디어와 실력!

사실 신규 학원 홍보의 정답은 등교시간과 하교시간에 학교 앞에 나오는 엄마들을 만나는 것이다. 학교 앞에서 아이를 기다리는 엄마들은 저학년 학부모일 확률이 높다. 이들에게 제대로 된 학원 홍보물을 나눠줘야 한다. '여긴 좀 다르네. 한번 가볼까?'라는 생각이 들면 성공이다.

홍보물 하나를 제작하더라도 관련 인터넷 홈페이지를 몇 시간씩 뒤져보는 수고가 필요하다. 나는 학원 홍보 사이트만 들어가는 게 아니라 돌잔치 답례품이나 캐릭터 문구 사이트에도 자주 들어간다. 홍보는 아이디어 전쟁이다. 내가 아는 어느 원장님은 종량제 쓰레기봉투에 전단지를 넣어 대박이 난 적도 있다. 엄마들에게 종량제 쓰레기봉투처럼 또 필요한 게 있을까. 여름에는 남들이 다 나눠주는 부채 말고 미니 생수병이라도 들고 나가라. 그리고 전단지를 전달하려 하지 말고 생수병 비닐에 학원 로고를 붙이는 것이 더 좋다(생수병 비닐을 학원 로고로 제작해 주는 업체도 있다). 학교 앞에서 아이들에게 먹을 것을 나눠주는 것은 금지되어 있지만, 아이를 기다리는 엄마들에게 고급 커피 믹스나 좋은 차 티백을 예쁘게 포장해서 선물하는 것도 방법이다. 종이컵에 학원 로고를 넣어 예쁘게 제작해 함께 주는 것도 좋다. "어머니, ○○영어학원이에요. 이거 한번 읽어보시고, 시간 되시면 아이와 함께 오세요!"라고 인사하면서 누가 봐도 정성스러운 홍보물을 건네는 것이다.

요즘같이 미세 먼지에 민감할 때는 마스크를 나누어 줄 수도 있고, 겨울에는 핫팩이 가장 인기다. 귀가하는 모든 아이들에게 주려고 생각하지 말고 같은 비용으로 좀 더 괜찮은 홍보물을 만드는 게 더 효과적이다. 제발 받아가라고 사정하지 않아도 아이들이 알아서 받아가기 때문이다. 남들이 다 주는 부채, 핫팩, 마스크, 볼펜 하나를 나누어 주더라도 좋은 걸로 주자.

홍보물이라는 이미지상 어차피 한두 번 쓰고 버릴 물건이라고 생각하는 경우가 많은데, 한두 번 쓰고 버릴 홍보물을 나눠주면 우리 학원 이미지도 그만큼 싸구려로 인식될 수 있다. 내 아이에게 못줄 사탕, 내가 써도 금방 고장 나는 볼펜이라면 나눠주지 마라.

학교 앞에 갈 때는 외모와 옷차림, 인상에도 신경 써야 한다. 편하다고 해서 청바지에 모자를 푹 눌러쓴 모습은 곤란하다. 웬만하면 정장을 입고 구두 신고 나가자. 아이들 한 명 한 명과 눈을 맞추고 먼저 인사하는 것이 중요하다. 멘트도 마찬가지다. "이거 받아가"라는 식이면 곤란하다.

"안녕! OO영어학원이야. 이거 엄마한테 전해줄 수 있을까?"
"Hello! OO영어학원이야. 부채 필요하니?"

나는 아이들에게 위와 같은 멘트를 활기차게 건넨다. 주로 등굣길에 홍보하는 걸 선호하는 편인데 "Good Morning! 좋은 하루 보내자!"라고 인사한다.

"왜 그렇게 기운이 없어?"
"학교 일찍 가는구나?"

친근하게 눈을 맞추고 인사하면 아이들도 공손하게 인사하고 홍보물을 받아간다. 내가 학원의 얼굴이라는 생각으로, 학원 홍보물이 내 학원 얼굴이 될 수 있도록 제대로 된 학원 홍보물을 들고 나가야 한다. 무엇보다 중요한 것은 홍보는 꾸준히, 계속 해야 한다는 것이다. 흔히 하는 비유가 있다.

"삼성도 홍보하는데!"

우리 학원이 삼성보다 유명하진 않지 않은가. 홍보는 학원과 떼려야 뗄 수 없는 관계다. 새로 오픈하는 학원이라면 위의 모든 홍보방법을 적극적으로 활용해서 우리 학원이 오픈했음을 알려야 한다. 그리고 이미 학원을 운영하고 있다면 규칙적인 홍보를 꾸준히 한다. 덧붙여 외부 홍보 이후에 이어져야 할 진짜 홍보는 우리 학원생들의 실력이라는 것을 잊지 말자.

같은 건물에 다른 영어학원이
있을 때 대처법

학교 앞에서 열심히 홍보를 하고 돌아와보니 학원 선생님 표정이 안 좋았다. 같은 건물에 영어학원이 있었는데 원장님이 내려와 항의를 했다고 한다. 부랴부랴 주스를 사들고 갔다.

"아유, 미리 인사를 드렸어야 하는데, 정신없이 보내다 늦었네요."

내가 인사를 건네니 그분은 싸늘한 표정으로 나를 쏘아보았다.

"뭘 잘 모르시나 본데, 본사에서 사기당했나 봐요? 프랜차이즈가 다 그렇지 뭐. 시장조사 같은 거 안 해요? 이 동네 내가 10년째예요. 내 학원 아래층에서 학원이 될 것 같아요? 같은 건물에 영어학원이 있으면 들어오지 말았어야지."

내가 들은 두 번째 '뭘 잘 모르시나 본데'였다.

"같은 건물에 여기도 잘 가르치고, 우리도 잘 가르치면 이 동네 애들
이 영어 배우러 다 우리 건물에 올 거 아니에요."

애써 웃으며 얘기하자 그 원장님은 어이가 없다는 듯 말했다.

"진짜 아무것도 모르시는구나. 열심히 해보세요."

터벅터벅 계단을 내려오며 서럽고 속상했다.

함께 생존하는 방법 모색하기

정말 몰랐다. 사업계획서까지 만들어 가며 상가 층별 입주업체를 꼼
꼼히 작성하면서도 같은 건물에 영어학원이 있는 경우 문제가 되는
지 확인하지 못했다. 어차피 영어학원이 없는 동네는 없을 것이고, 처
음에 상가 자리가 워낙 맘에 들어서 덜컥 계약한 상황이라 앞뒤 생각
할 겨를이 없었던 것이다. 용도변경에 인테리어에 정신없을 때였고,
부동산에서도 아무 말이 없었다. 나중에 알았지만 같은 건물에 영어
학원이 있으면 입주 자체가 불가능한 것은 아니나 상도의라는 통념
상 입주하지 않는다고 했다. 상가마다 상가 번영회가 있어서 아예 입
주 자체를 막는 경우도 있다고 한다.

그러나 그때는 그런 정보가 전혀 없었고, 이미 학원을 오픈한 상황

에서 할 수 있는 일이 없었다. 나는 그 원장님과 잘 지내고 싶었다. 아무것도 모르는 초짜 원장이 동네에서 터줏대감이라고 하는 학원 원장님과 불편하게 지내서 좋을 게 없었기 때문이다. 학원 행사로 떡을 하거나, 쿠키를 주문할 경우 항상 넉넉하게 주문해서 가져다드리며 인사했다. 덕분에 처음에는 차가운 눈으로 바라보던 그 원장님과 나중에는 웃으며 인사하는 사이가 되었다. 그리고 나중에 원장님이 나를 찾아온 일까지 생겼다.

"저번에 학부모께서 여기 원장님과 먼저 상담했는데, 원장님이 위층에도 영어학원이 있으니까 거기도 한번 상담받아 보시라고 했다면서요? 그렇게 얘기해주는 원장은 없는데 깜짝 놀랐어요. 고마워요."

그제야 내가 이곳에 입주한 게 나쁜 의도가 아니었다는 진심이 전달된 것 같아 기분이 좋았다. 사실 나는 신규 상담을 오는 분들에게 우리 학원 프로그램을 설명해 드린 뒤 아이와 더 상담을 다녀보고 오시라고 말씀드린다. 우리 학원이 모든 아이들에게 최선이었으면 하지만, 충분히 고민해 보고 결정하시라는 의도에서다.

지금은 나도 같은 자리에서 13년째 영어학원을 하고 있다. 그동안 같은 건물에 영어학원이 입주한 적은 없지만, 요즘은 수학학원에서 영어를 함께 가르치는 경우가 많은데, 같은 층에 그런 학원이 있었다. 원래는 수학만 가르치던 곳이었는데 영어 프랜차이즈를 함께 하려고 준비하고 있다며, 오래 알고 지내던 원장님이 미안한 표정으로 말씀

하신 적이 있다.

"죄송해서 어떡해요. 우리가 영어 프로그램을 함께 쓰려고요. 그냥 우리 애들 같이 가르쳐 보려고 하는 거예요."
"아유, 괜찮아요. 뭘 그런 걸 미안해하세요!"

한 동네에 우리 영어학원만 있을 수는 없다. 그리고 같은 건물에 다른 영어학원이 들어오는 걸 막을 수도 없다. 그리고 내 옆에 학원이 못 들어오도록 막는다고 동네 아이들이 다 우리 학원에 오는 것도 아니다. 실제로 같은 건물의 다른 학원 원장과 좋은 관계를 유지하지 못해서 스트레스를 받거나 피해를 보는 경우까지 있다.

내가 아는 한 원장님은 처음 학원 오픈 때부터 아래층 원장과 고성이 오갈 정도로 사이가 좋지 않았다. 같은 영어학원이 위층에 들어오는 것도 기분이 안 좋은데 인테리어 때부터 소음문제로 부딪혔고, 건물 입구에 배너 광고를 넣는 문제까지 항의가 들어왔다. 나중에는 현수막까지 신고가 들어갈 정도였으니 얼마나 사이가 안 좋았을지 짐작이 될 것이다. 심지어 상담 간 학부모에게 상대 학원에 대해 안 좋은 이야기를 하는 일까지 있었다. 이 정도면 양쪽 학원 다 피해를 입는다. 결국 매일 얼굴 보는 사람과의 나쁜 관계는 두 학원 중 한 학원이 문을 닫는 것으로 마무리되었다.

1~2년 학원을 하고 말 게 아니라면 주변 원장들과 좋은 관계를 유지하는 것이 중요하다. 같은 영어학원끼리도 마찬가지다. 내 학원 주

변을 내가 좋고, 편한 관계로 유지하면 우리 학원으로 좋은 기운이 온다. 내 일터가 편하고 행복하려면 학원 가는 길에 반갑게 인사할 얼굴들이 많아야 한다는 점을 잊지 말자.

학부모에게 한 발짝 다가서는
상담 요령

"원장 선생님이세요?"

처음 학원을 오픈하고 나서 학부모와 상담하는 자리에서 들은 질문이다. 30세도 안 된 어린 원장이 상담을 하겠다고 하자 학부모 입장에서는 당황스러웠을 것이다. 학부모들은 어김없이 나를 위에서 아래로 훑어보았다. 그다음 질문은 "어느 대학 출신이세요?"와 "영어 전공이세요?"였다.

학원생을 유치하기 위해 학교 앞에서 수없이 전단지를 돌릴 때는 이 순간을 그토록 기다렸는데, 막상 상담을 하려니 잔뜩 얼어서 버벅거리기 일쑤였다.

"아니요, 외대 나왔지만 영어 전공은 아니고 경제학과예요."
"그럼 가르치시는 선생님은 영어 전공자예요?"

내가 채용한 선생님은 영어실력이 뛰어났지만 영어 전공자는 아니었다. 그 사실을 솔직하게 말씀드리자 학부모의 표정이 밝지 않았다. 주위를 둘러보며 선생님은 몇 명이고, 같은 학년 아이가 몇 명인지 꼬치꼬치 묻더니 학부모는 불안한 눈빛으로 한 마디 던졌다.

"흠, 학원에 애들이 별로 없네요?"
"지금은 애들이 없는 시간이에요."

식은땀이 이마에 송글송글 맺히는 게 느껴질 정도였다. 아마 나처럼 초짜 원장이라면 이런 상황이 낯설지 않을 것이다. 이 상담에서 내가 잘못한 것은 무엇일까?

위의 상담은 상담자에게 끌려다닌 대표적인 예이다. 원장이 자신감 있고 전문가로 보이면 학부모들은 저런 질문을 하지 않는다. 나는 원장으로서 상담 준비가 전혀 되어있지 않았고 학부모들은 그런 나를 알아보았던 것이다.

그날 밤 나는 잠을 이루지 못했다. 우리 학원을 어렵게 방문한 학부모의 마음을 어떻게 하면 사로잡을 수 있을까? 어떻게 해야 아이를 믿고 맡길 만한 전문가의 모습으로 어필할 것인가? 학원 오픈 전쟁을 거쳐 홍보 전쟁 후에 나를 기다리고 있는 것은 상담 전쟁이었다.

첫 상담에 대처하는 방법
학부모 입장에서는 영어학원 원장이나 교사는 영어 전공자여야 한다는 인식이 강하다. 그래야 실력 측면에서 안심이 된다고 생각해서다.

그러나 실제로 유명한 영어 강사 중에는 영어 전공자가 아닌 경우가 많다. 시원스쿨 이시원 대표도 캐나다 유학 경험이 있긴 하지만 경영학 전공이고, 토익 스타강사 출신인 유수연 대표도 경영학 전공이다. 《근데, 영화 한편 씹어 먹어 봤니?》의 저자인 코어소리영어의 신왕국 대표도 고교 자퇴생이었다. 이와 같이 꼭 영어 전공자가 아니어도 영어를 잘하고 전문가라고 인정받을 실력이 있다면 굳이 주눅들 필요는 없다. 나처럼 자신감 없어 보이고 학부모에게 끌려다니는 식으로 상담하는 것은 곤란하다.

경력이 많은 원장님들의 말에 따르면, 일단 학부모가 학원에 방문했다면 50%, 아이를 데리고 왔다면 80% 이상이 등록을 하려고 온 것이라고 한다. 그렇다면 난 50%의 가능성을 날린 것이다. 어렵게 확보한 학부모 상담 기회를 잘 살리지 못하면 학원생 유치는 어려워질 수밖에 없다. 처음에 상담을 잘해서 학원생 유치에 성공하면 그 학부모는 좋은 인상을 가지고 다른 학부모에게도 우리 학원을 알려줄 가능성이 높다. 그러나 실패하면 그 학부모는 안 좋은 인상을 다른 학부모에게 전파할 것이다.

지금부터 내가 많은 상담에 실패하며 나름대로 터득한 상담 노하우를 소개하려고 한다. 대형 어학원들에서는 원장 상담까지 가지도 않는 경우가 많다. 레벨 테스트를 진행하고, 상담 실장을 만나 아이 레벨과 수업 커리큘럼을 들은 후에 굳이 학부모가 요청하는 경우에만 원장이 상담한다. 그러나 원장이 직접 가르치거나 규모가 크지 않은 소규모 동네 학원에서는 원장이 직접 상담해야 하므로 상담 기술을 알아두는 게 좋다. 상담에 자신이 없거나 초보 원장이라면 분명히 도움이 될 것이다.

1. 상담 약속은 반드시 미리 잡는다(약속 없는 방문은 거절해도 좋다).
2. 아이와 함께 방문하는 것을 원칙으로 한다.
3. 본격적인 상담 전에 아이의 레벨 평가를 먼저 한다.
4. 원장의 말을 줄이고, 학부모 말을 많이 듣는다.
5. 아이 수업에 대해서는 학부모의 요구에 무조건 OK하지 않는다.

첫째, 학부모가 불쑥 학원을 방문하는 경우 초보 원장들은 기회를 놓칠세라 급히 상담 자리에 앉아서 횡설수설하는 경우가 많다. 당연히 결과가 좋을 수 없다. 심지어는 수업 중에도 급히 교실을 비우고 상담하는 원장도 있다. 아이 영어 교육에 대해 고민하며 신중히 학원을 선택하려는 학부모라면 지금은 수업 중이니 다시 약속을 잡아 드리겠다고 해도 대부분 이해한다. 혹시 다시 방문하지 않더라도 너무 실망하지 말자. 내가 상담을 잘 못해서 그대로 돌아가는 경우보다 훨씬 낫다.

둘째, 나는 학부모만 학원에 방문해서 먼저 상담해 보고 아이를 데려오겠다고 하면 거절하는 편이다. 영어학원에서 상담을 하려면 아이 레벨을 먼저 알아야 한다. 아이에 대해 아무 정보도 없는 상태에서 학부모와 마주 앉아 봐야, 학부모 입장에서 원비나 수업시간, 학원 교재의 정보 말고는 궁금한 게 없다. 학부모가 정말 원하는 정보인 내 아이가 이 학원에 다닐 때의 장점을 이야기할 방법이 없는 것이다. 그런 경우 그 자리에서 상담하지 않고 학원 안내 책자를 제공하며 아이와 다시 방문해 줄 것을 권유한다.

셋째, 미리 상담 약속도 잡았고, 아이와 함께 학원을 방문했다면 아이의 레벨 테스트를 먼저 한다. 우리 학원은 초등학생, 중학생 대상이기 때문에 간단한 인터뷰나 자기소개 등을 물어보고, 온라인 테스트를 활용한다. 학부모가 함께 있을 때 간단한 구두 테스트를 진행하면 아이의 발음이나 문장 구사 능력을 확인할 수 있다. 온라인 테스트로 리포트가 출력되면 듣기, 말하기, 읽기, 쓰기의 네 가지 영역에 대해서 상담할 수 있다. 원장이 아이의 정보를 기반으로 이야기하면 학부모들은 신뢰한다.

굳이 학원 프로그램과 커리큘럼에 대한 구구절절한 설명은 실제로 학부모 입장에선 그리 궁금한 게 아니기 때문이다. 내 아이가 이 학원을 다닐 때 뭐가 좋을지가 학부모들의 가장 큰 관심사라는 사실을 잊지 말자.

넷째, 원장이 설명하기보다 학부모가 답할 수 있는 질문을 던져야 한다. 내가 주로 하는 질문들은 "그동안 아이 영어공부 어떻게 시키셨어요?" "다른 학원을 다녔다면, 옮기려는 이유가 뭔가요?" "아이가 영어를 좋아하나요?" 등이다.

질문을 보면 알겠지만, 이렇게 질문하면 학부모들이 할 말이 많아진다. 나는 학부모들의 이야기를 들으며 많은 정보를 얻는 동시에 상담 노하우도 얻을 수 있었다. 초보 원장들은 숨도 안 쉬고 우리 학원의 장점을 이야기하느라 바쁘다. 실제로 상담 온 학부모가 어떤 니즈를 가지고 왔는지 들어보기도 전에 내 말만 하는 것이다. 상담할 때 누가 더 말을 많이 하는지만 봐도 그 상담이 성공할 수 있을지 없을지를 알 수 있다. 학부모가 고개를 끄덕이며 원장의 이야기를 듣고만 있다면 정작 내 아이에 대해 궁금한 이야기는 하지 못했다고 봐야 한다.

마지막으로, 상담이 모두 끝난 후에 학부모가 아이의 수업에 대해 무리한 요구를 하는 경우가 있다. 예를 들어 아이 레벨이 높지 않은데 친구와 같은 레벨의 수업을 듣고 싶어 한다거나, 학원 커리큘럼에 예외적인 조건을 요구하는 경우다. 주 3일 수업인 학원에 주 2회를 요구한다거나 숙제 분량을 조절하려는 것이 그런 경우다.

이럴 때 작은 문제라고 할지라도 예외를 두지 않는 편이 좋다. 그러지 않으면 학부모의 요구에 계속 끌려다닐 수 있기 때문이다. 나의 경험상 작은 예외는 더 큰 예외를 불러온다. 작은 학원이라 하더라도 규칙과 원칙이 있어야 한다. 그리고 수업과 관련된 부분은 원장과 교사의 권한이다. 한두 명의 등록을 위해 전체 분위기를 흐릴 필요는 없다고 생각한다.

편안하고 따뜻한 상담실 만들기

학원에서 상담실은 중요한 공간이다. 보통은 원장실을 상담실로 활용하는데 초보 원장이라면 상담실 환경에 더 신경 써야 한다. 가끔 다른 학원을 방문해 보면 원장님이 수업하기에 바빠서 상담실에 서류가 쌓여 있거나, 정리 정돈이 제대로 되어 있지 않은 모습을 많이 본다. 아무리 바빠도 출근하자마자 상담실을 꼭 체크하자. 하루의 시작을 상담실 정리로 열다보면 실제로 신규 상담이 더 많이 들어온다. 원장의 마음가짐과 연관이 있기 때문이다.

학원이 침체기일 때 내가 가장 먼저 하는 일은 원장실 대청소다. 괜히 가구 위치도 옮겨보고, 구석구석 먼지를 쓸고 닦는다. 그러면 신기하게 그날 신규 상담이 생기곤 한다. 다음은 내가 상담실에 준비해 두는 것들이다.

1. 꽃을 한 송이 놓아두자.
2. 차 대접은 고급스럽게 하자.
3. 상담 책상 위는 항상 비워두자.
4. 상담 자료는 옆 테이블에 정리하자.
5. 달콤한 캔디통은 필수!

나는 학원에 출근하면 모든 창문을 열어서 환기시키고, 화분에 물을 주면서 하루를 시작한다. 그리고 상담실에 작은 꽃 화분이나 생화를 놓아둔다. 큰 꽃다발을 사는 것이 아니라 한 묶음에 5,000원~1만 원 정도 하는 장미나 소국 등을 사서 일회용 커피잔에 놓아두는 것이라서 큰돈이 들지 않는다. 물만 잘 갈아주고 관리만 잘하면 1주일 이상 상담실의 분위기를 밝게 유지할 수 있다. 그리고 물을 좋아하는 스킨답서스 같은 식물은 잎만 잘라서 물에 담가두면 뿌리를 내리기 때문에 군데군데 놓아두면 충분히 초록 분위기를 낼 수 있다. 일단 상담실에 들어왔을 때 이런 작은 소품들이 놓여 있다면 학원의 첫인상이 나쁘지 않을 것이다.

두 번째는 차 대접이다. 종이컵에 커피믹스는 곤란하다. 요즘 학부모들은 그런 커피를 잘 마시지 않는다. 나는 고급스러운 과일향 나는 녹차나 아니면 예쁜 미니 병에 생수를 담아 드린다. 그리고 학원 전용 텀블러를 제작해서 여름에는 차갑게 우린 녹차를 텀블러와 함께 드리기도 한다. 상담을 한 달에 몇십 건씩 하는 것은 아니기 때문에 괜찮은 차 한 잔 대접한다고 해서 그리 큰돈이 들지는 않는다.

학원 건물 1층에 카페가 생긴 이후부터는 학부모 모임이나 신규 상담 시 학부모가 그 커피숍에서 커피를 주문할 수 있게 하고 있다. 그리고 한 번에 결제하는데, 이렇게 함으로써 그 카페에 우리 학원 홍보물도 비치하고 카페 사장님과도 좋은 관계를 유지하고 있다.

자, 이제 상담 테이블에 학부모가 앉았다고 생각해 보자. 초보 원장은 학원 교재, 프린트 자료, 아이들의 학습자료를 보여주느라 정신이 없다. 그러다 보면 상담 끝난 후 상담 책상 위는 수북한 자료로 정신이 없다. 굉장히 열정적으로 상담한 것처럼 보이지만 사실 지저분한 책상만큼 주먹구구로 진행된 상담일 수도 있다.

일단, 상담 책상은 항상 깨끗해야 한다. 상담 책상 옆에 작은 간이 책상이나 책꽂이를 구비하고 자료는 그곳에 정리하자. 필요할 때만 한두 개씩 보여주고 다시 정리해 놓는 것이 좋다. 학부모가 궁금해한다고 해서 모든 교재를 꺼내서 보여줄 필요는 없다. 이미 아이 레벨이 정해진 뒤이므로 그에 맞는 교재만 보여주면 된다. 가끔 학원의 마지막 레벨 교재까지 보여 달라고 요구하는 경우가 있는데, 그때 보여줄 최상위 레벨 대표 교재 한 권 정도만 구비하면 된다.

이제 상담의 마지막 단계다. 어린 아이들이 집으로 돌아갈 때 예쁜 사탕을 하나 선물하자. 달콤한 기억만큼 좋은 기억이 없다. 예쁜 유리 캔디병도 하나 놓아두는 것이 좋다. 상담실은 깔끔하고, 달콤하고, 좋은 기억이 있는 공간이어야 한다.

영어학원 원장,
반드시 영어를 잘해야 할까?

영어는 나 자신에게도 가장 큰 숙제였기에 학원을 운영하며 영어공부에 많은 시간을 투자해야 했다. 물론 영어학원은 원장이 꼭 영어를 잘해야만 시작할 수 있는 일은 아니다. 종종 원장 본인의 학력이나 화려한 영어 인증시험 성적으로 학원을 홍보하는 학원들이 있다. 오픈 홍보로는 효과가 있을지도 모르지만, 아이들을 가르치는 일과 본인의 영어실력은 다른 문제다. 영어 잘하는 원어민 교사들이 공교육에 대거 투입되었다가 큰 효과를 보지 못한 전적이 있지 않은가?

나는 영어를 잘하지 못하는 상태로 영어학원을 시작했다. 나 자신이 영어를 잘 못했기에 사람들이 영어를 못하는 이유를 잘 알았다. 중학교, 고등학교, 대학교, 대학원까지 나의 십대와 이십대를 통틀어 내가 영어에 실패할 수밖에 없었던 열 가지도 넘는 이유를 말이다. 지금까지 스스로 영어를 잘 못한다고 생각한다면, 시작도 하기 전에 포기하지 말고 한 번 더 도전해 보기를 권한다.

영어학원 원장이 된 후에도 영어에 성공할 수 있다. 그리고 원장 자신이 성공한 영어 프로그램으로 아이들을 가르칠 때 그 효과는 기대 이상이다. 나도 성공한 영어! 그것이 내가 아이들에게 가르칠 때 가장 큰 확신이자 자신감이다.

영어 발음의 첫 단계는 음소 훈련

"패션에 P자도 모르는 것들이?"

어느 개그 프로에서 나온 유행어다. 하지만 이 유행어를 들으며 안타깝게도 난 웃지 못했다. 패션의 스펠링을 정확히 몰랐기 때문이다. 영화 〈국가대표〉에서 'sky'와 'ski'를 하정우가 능청스러운 표정으로 고쳐주는 장면에서도 나는 한 박자 늦게 웃었다. 이제 내 영어실력이 어느 정도였는지 짐작이 갈 것이다. 학교 성적이나 토익 성적과는 별도로 나의 영어 발음 또한 처참할 정도였다. 대부분의 한국 사람들이 그렇듯이 나는 영어 발음에 용감하지 못했다.

"어머님, 이 아이 레벨이 파닉스 쓰리인데요."
"어머님, 이 아이 러벌이 퐈닉스 뜨리인데요."

아마 영어학원 상담을 가본 학부모라면 격하게 공감할 것이다. 별것 아닌데, 학원 원장과 교사는 몇 단어 섞어서 얘기하는 영어 발음부터 다르다. 사실 그렇게 해야 한다. 있어 보이라고 그러는 것이 아니라, 영어 발음 자체가 강세와 박자를 빼면 틀리기 때문이다.

상담할 때 원장의 발음은 정말 중요하다. 학부모와 아이 앞에서 나쁜 발음으로 인터뷰를 할 수는 없지 않은가? 원장에게 제일 중요한 영어 발음 공부, 어떻게 해야 할까?

발음의 기본 요소는 음절과 강세다. 유성음, 무성음, 축약, 연음까지 가지 않더라도 일단 1음절 단어라도 제대로 음절, 강세를 갖춰서 발음해야 한다. 첫 번째로 음절을 살펴보자.

Macdonald – 영어   – 3박자
맥도날드   – 한국어 – 4박자
마그도나르도 – 일본어 – 6박자

음절은 모음의 소리가 기준이 되기 때문에 파닉스를 배울 때 모음의 소리규칙이 중요하다. 발음 교정이 필요하다면 무조건 혀를 굴리며 발음할 것이 아니라, 아이들 파닉스 교재의 1음절 단어부터 제대로 발음해 보자.

두 번째는 강세다. 강세를 이해하려면 중국어의 성조를 생각하면 된다. 중국어에는 성조가 있는데 이것을 맞추지 않으면 단어의 의미 자체가 달라진다. 영어도 마찬가지다. 아무리 혀를 굴려가며 얘기해도 강세가 다르면 원어민은 알아듣지 못한다. 그래서 영어를 공부할 때는 박자감과 리듬이 중요하다.

내가 영어 발음을 익히기 위해 사용한 첫 번째 방법은 챈트를 이용한 음소훈련이었다. 처음 프랜차이즈 교육을 받으러 갔을 때, 알파벳을 처음부터 끝까지 발음해 보라는 수업을 받았다. 그리고 단 하나의 소리도 정확하지 않다는 평가를 받았다. R과 L의 발음, P와 F의 발음은 둘째치고 나는 A의 이름부터 1박자로 강세를 살려 읽지 못했다. '에이', '더블유', '제트' 등 너무나도 솔직한 한국어 발음을 구사했던 것이다. 놀랍지 않은가? 10년 넘게 영어를 공부했는데 영어의 알파벳 발음 하나 제대로 배워본 적이 없다니.

〈미스터 선샤인〉이라는 드라마를 보면 조선 말기의 가상 인물들은 영어 알파벳 발음을 제대로 한다. 조선시대 영어 교재《아학》편을 보면 'father'을 'ㅇ프아 ㅇ저'로 표기하고 있다. 발음의 차이와 강세의 차이를 정확히 알고 있었던 것이다. 그런데 정작 우리는 학교에서 영어 발음에 신경 쓰기보다는 단어 외우기나 독해 기술을 배우기에 급급했다. 영어 발음을 평가하는 시험도 없었다. 내가 중학교에 다닐 때는 영어책에 '아이 엠 어 보이'라고 우리말로 적어 놓는 게 아무렇지도 않은 시절이었다.

2018년부터 공교육에 도입된 영어 디지털 교과서에는 처음으로 원어민의 입모양 알파벳 발음 동영상이 등장한다. 예전에는 파닉스라는 이름으로 초등영어 사교육의 전유물이었던 입모양 발음 학습이 드디어 교과서에 등장한 것이다. 그만큼 영어의 음소를 정확히 발음하는 것은 중요하다.

원장이 공부하는 영어는 가르치기 위한 것!

내가 영어학원을 오픈하고 시작한 첫 번째 공부는 거울을 앞에 놓고 입모양을 보며 매일 A~Z까지 발음을 연습하는 것이었다. 핸드폰으로 셀카도 찍어보고, 입모양을 비교하느라 사진도 찍어보며, 이제까지 배운 적 없었던 영어 발음을 처음으로 배운 것이다. 중학교 때 교과서 한 페이지만 읽으라고 해도 얼굴이 빨개져서 더듬거리던 나는 이제 제법 좋은 발음으로 문장을 읽을 수 있다. 음소를 익히고, 영어 단어 발음을 익히고, 단어와 문장을 소리 내어 연습하니 발음이 좋아질 수밖에 없었다.

여기서 중요한 것은 소리 내어 연습했다는 것이다. 이전에 영어를 배우면서 나는 소리 내어 연습한 적이 없다. 토익 듣기를 공부할 때 테이프가 늘어질 때까지 들으라고 배웠지, 소리 내어 연습하라고 배운 적이 없었기 때문이다. 그리고 내가 영어학원을 시작하지 않았다면 이렇게 소리 내며 영어 발음을 훈련할 일도 없었을 것이다. 그리고 아이들에게 큰 소리로 연습하라고 가르치는 것에 설득력이 없었을지도 모른다. 내가 직접 효과를 본 방법이라서 아이들에게도 자신 있게 추천할 수 있었다.

발음을 연습하고 나서 두 번째로 한 공부는 파닉스라고 불리는 초등 저학년 교재를 큰 소리로 따라 하며 하루도 빠짐없이 푼 것이다. 마음만 먹으면 2~3일에 한 권을 끝낼 수 있었다. 영어 프랜차이즈 학원을 시작하려고 마음먹었다면 반드시 그 학원의 교재를 풀어보길 바란다. 마치 내가 학원에 온 아이가 된 것처럼 똑같이 교재를 풀어보는 것이다. 내가 직접 풀어보는 만큼 가르치는 실력도 쌓인다.

나는 새로 채용한 교사들에게도 영어실력과 상관없이 우리 학원 교재를 풀어보게 한다. 가끔 아이가 힘든 것도 몰라주고, 그냥 교재에 나온 대로 풀라고 하는 교사들이 있다. 본인이 아이와 똑같이 팔 아프게 써보고 큰소리로 따라해 보며 교재를 풀면 아이와 수업할 때 공감력이 높아진다. 원장은 영어실력뿐만 아니라 아이들의 마음까지 알아줄 수 있는 실력을 갖춰야 한다.

나는 학원 초기에 신규 학원생이 들어오면 아예 그 아이와 함께 앉아서 교재를 따라 하며 함께 풀었다. 그러면서 아이들의 실력과 함께 나의 실력도 쌓여갔다. 지긋지긋하게 늘지 않았던 제자리 영어실력이 처음으로 커가는 것이 보였고, 가르치는 실력도 따라서 늘었다.

세 번째 공부는 문법 공부였는데, 초등영어책을 구해서 기초부터 차근차근 쌓았다(문법에 대해서는 부록에서 좀 더 다루기로 한다).

영어학원 원장이면 영어를 잘해야 할까? 물론 여기에 정해진 스펙이나 점수가 있는 것은 아니다. 그러나 앞에서 언급했듯이 아이를 가르칠 수 있는 영어실력은 반드시 필요하다. 영어학원을 오픈하면서 '나는 운영만 하고 수업은 선생님이 할 거야'라고 생각하면 곤란하다. 영어학원 원장이 영어를 못하면 학원 수업에 대한 자신감이 없어진다. 선생님을 믿고 맡긴다고는 하지만, 작은 동네 학원 학부모들은 대부분 원장을 믿고 맡긴다. 한 선생님이 언제까지나 내 학원에 충성할 것이라는 보장도 없다. 실제로 유능한 선생님이 한 명 그만두면 한 클래스 아이들이 따라서 줄어드는 경우도 동네 학원에서는 자주 있는 일이다. 또 아이 상담 시 원장이 아이 영어실력을 파악하지 못하고 있다면 신규 등록률이 낮을 것이 자명하다.

영어학원을 하기로 결정했다면 끊임없는 공부는 반드시 각오해야 한다. 그리고 내 아이와 함께 공부한다면 일석이조다. 아이가 초등학생이라면 그 레벨부터 함께 시작하면 된다. 가장 먼저 발음과 문법부터 잡는 것이 좋다. 나는 아직도 중학교 문법 문제집이나 수능 독해 문제집을 틈날 때마다 푼다. 이제는 몰라서 푸는 것이 아니지만, 아이들을 가르칠 때 유용한 팁이 하나라도 더 생겨 유익하다. 그리고 엄마가 평생 공부한다는 것은 엄마와 아이 모두에게 좋은 일이다.

적당히 할 거면
안 하는 게 낫다

영어학원을 시작하면서 새로 생긴 카페나 '매매'라고 붙여놓은 상가에 관심이 많아졌다. 전에 살던 동네에서는 유독 음식점이 자주 바뀌었다. 한 자리에 족발집이 생겼다가 6개월도 안 되어 치킨집으로 바뀌고, 몇 개월 후에 다시 족발집이 되었다. 바뀔 때마다 요란하게 인테리어를 했다가 고작 6개월이면 철거하고 전혀 다른 가게가 생겼다. 학원을 시작하면서 그 인테리어가 얼마짜리인지 알게 되었기 때문에 순식간에 얼마나 날아갔을지가 눈에 보였다. 그 정도 금액이면 한 가정이 휘청일 정도다. 게다가 장사가 잘되지 않아서 폐업한 것일 테니 그동안 인건비며 월세며 빚이라도 안 졌으면 다행이다.

"어느 순간 애들이 좀 줄더라고. 학원을 그만둬야 하나 고민하다 6개월이 지나갔는데, 그 사이에 쌓인 빚이 1억인 거야."

학원을 정리한 어느 원장이 실제로 들려준 이야기다. 한때는 동네에서 제일 잘나가다가도 어느 순간 이렇게 되기도 하는 곳이 학원이다. 그래서 학원 원장의 마음가짐은 중요하다. 적당히 할 거라면 정말로 안 하는 게 낫다. 나의 행복과 내 아이, 내 가족의 행복을 걸고 시작한 일이다. 그런데 어떻게 적당히 할 수 있을까?

나는 지난 13년간 학원을 하며 많은 학원의 소식을 듣고 또 봐왔다. 많은 원장들이 학원을 시작했고, 또 학원을 접었다. 그리고 한 번도 잘돼본 적 없이 몇 년 동안 힘들게 경영하는 분들도 많다. 개인적인 사정, 주변 환경, 교사와의 문제 등 그동안 내가 들어온 안되는 학원에는 이유가 많다. 그중 세 가지를 소개하려고 한다. 학원을 하며 다음과 같은 실수는 피하길 바란다.

남의 돈으로 사업할 때

"저희 부모님이 학원 하나 차려주신대요."

회사에 다니기 힘들다며 학원을 시작해보고 싶다는 사람들이 있다. 나는 이런 사람들에게 일단 회사를 계속 다니며 최소한 5,000만 원 정도는 스스로 모아본 후에 시작하라고 얘기해 주고 싶다. 생각해보자. 내 사업을 시작하겠다고 하면서 회사생활을 하는 동안 최소한의 창업자금도 모으지 못한다면 내 사업을 시작한 다음에는 어떨까?

개인사업이니 누가 나에게 월급을 주지 않는다. 남의 돈으로 시작해 놓고 내 월급도 못 받을 상황이라면 끝이 안 좋을 수밖에 없다. 내가 가장 하면 안 된다고 생각하는 것은 부모님이 차려주는 경우다. 정말 금방 망한다.

부모님이 노후자금을 털어서 자녀에게 학원을 차려주는 경우가 종종 있다. 학원 원장이라는 타이틀은 제법 괜찮아 보인다. 자식에게 제대로 된 직장을 마련해 주고 싶은 부모의 욕심과 근사한 내 사업을 하고 싶은 자식의 욕심이 만나는 경우다. 오픈 때부터 부모님이 나서서 학원 경영을 돕고 온갖 궂은일도 다 해주지만, 정작 자식인 원장은 간절하지 않아 2~3년 내에 폐업하면 평생 고생하신 부모님의 노후까지 불안해진다.

사업은 내 돈으로 해야 하고 내 돈이 없다면 빚을 내도 내가 내야 한다. 그래야 간절하다. 꼭 갚아야 하는 돈이니까. 안타깝게도 쉽게 빌린 돈은 절대 못 갚는다. 내 피 같은 돈이 들어가야 어영부영하다 손 떼는 일이 없다. 내가 모은 돈으로 시작하면 쉽게 손을 뗄 수 없다. 꼭 성공해야 하는 이유가 있기 때문이다. 요즘은 꼭 돈이 많지 않아도 사업을 시작할 수 있는 방법이 많다. 작고 소박해도 내 것으로 시작하자.

원장이 제 자리를 지키지 않을 때

나는 학원이 제일 잘되고 있을 때 사고를 치고 말았다. 옆 동네에 학원 하나를 더 오픈하고 동생과 친구에게 맡겼던 것이다. 둘째를 임신했을 때였는데 모르고 시작했다. 두 번째 학원이니 만큼 인테리어도 멋지게 정말 예쁜 학원을 만들었다. 벽이 모두 유리로 되어 입구부터 반짝반짝한, 작지만 예쁜 학원이었다.

첫 번째 학원에서는 고급스러운 인테리어 같은 건 꿈도 못 꿨는데 학원이 잘되니 자꾸 화려한 어학원 인테리어가 눈에 들어왔다. 그리고 오픈만 하면 첫 번째 학원처럼 저절로 잘될 줄 알았다. 그러나 힘들게 3년을 버티다 결국 문을 닫고 말았다.

학원 문을 닫는 순간까지 난 그곳에서 한 푼도 벌지 못했다. 친구도 떠났고 동생도 떠났다. 덩그러니 철거된 학원에 서 있던 순간이 생각난다. 내가 아끼던 유리벽은 모두 깨져 있었고 온갖 잡동사니가 굴러다녔다. 학원이 철거되던 날 두려워서 근처에도 가지 않으려 했지만 결국 가보게 되었고 눈물이 났다. 아픈 자식 같던 학원이 없어진 것이다.

다시 한번 배웠다. 학원이라는 공간은 원장을 필요로 한다는 것을. 그 자리가 비는 순간, 보이지 않는 곳에서 구멍이 생기고 결국은 아무것도 남지 않는다. 첫 번째 학원에서 성공한 경험이 나를 자만에 빠뜨렸다. 화려한 인테리어는 물론이고 나는 운영만 하고 교사에게 모든 걸 맡겨 버렸다. 신규 학원생이 오면 나는 상담만 하고 아이가 등록한 후에는 여전히 첫 번째 학원에만 붙어 있었다. 늘어나는 것은 교사들에게 하는 잔소리뿐이었고 실제로 새 학원 아이들에게는 정성을 들이지 않았다.

첫 번째 학원을 운영하며 우리 학원 프로그램과 시스템에 자신을 얻었기에 우리 학원에만 오면 아이들이 무조건 영어를 잘할 줄 알았다. 학원생 한 명 한 명에게 정성을 들였던 기본을 잊고, 화려한 겉모습과 한 번 성공했던 나의 경험만 믿었다. 결국 동생은 물론 친구였던 교사들과의 사이도 나빠졌고, 새 학원 아이들에게 나는 가끔 보이는 무서운 원장일 뿐이었다.

학원에는 분명히 원장의 자리가 있다. 부원장, 월급원장, 실장 등 원장의 자리를 대신하는 사람은 많지만, 학원의 모든 일은 원장의 책임이다. 그 책임은 누구에게도 넘길 수 없다. 학원을 시작했다면 자기 자리를 꼭 지키길 바란다.

원장이 초심을 잃어버리는 경우

원장이 초심을 잃으면 학원이 망한다. 여기서 초심이란 아이들을 사랑하고, 아이들 영어실력을 키워주고, 나도 행복해지려던 마음이다. 그런 마음이 무너지고 있다는 첫 번째 징조는 어느 순간 원장이 우울해하며 매사에 불만이 많거나 부정적으로 변하는 것이다. 본인은 의식하지 못하지만 항상 부정적인 사람들이 있다. 그리고 처음엔 안 그랬는데 점점 불평불만이 생기는 경우도 마찬가지다. 무슨 일이든 일단 해보겠다는 열정은 사라지고 "그거 한다고 되겠어?"라고 의심부터 하는 것이다. 이렇게 되면 실제로 움직이고 싶은 의욕도 별로 없고 어느 순간부터 아이 탓, 학부모 탓을 하기 시작한다. 학원 원장인 나는 잘못한 게 없는데 아이가 똑똑하지 않다거나 학부모 수준이 높지 않다는 식이다.

학원이 계속 잘되면 좋겠지만 힘든 일도 생기고, 침체되는 경우도 생기기 마련이다. 그때마다 잘 못 가르치는 교사를 탓하기도 하고, 불만을 가지고 그만둔 학부모 탓도 해보고, 동네 수준을 탓하기도 한다.

불평불만이 쌓인다는 것은 책임을 남 탓으로 돌리기 때문이다. 나도 그랬다. 내 탓이라고 하기엔 너무 자존심이 상하고 아팠다. 이렇게 되면 자연히 의욕이 없어진다. 내 탓이 아니니 내가 뭘 해도 안 되는 것이다. 원장이 자꾸 남 탓을 한다면 초심을 잃고 있다고 볼 수 있다. 다시 한번 얘기하지만, 학원에서 일어나는 모든 일은 다 원장 탓이다. 잘돼도, 못돼도 마찬가지다. 내 탓이라는 걸 인정하면 아프지만 움직일 힘이 생긴다. 내가 요즘 자꾸 누군가를 탓하거나 불평을 거듭한다면 반드시 나를 돌아볼 시간을 갖길 바란다.

두 번째는 원장이 너무 잘난 경우다. 이런 경우에는 사실 초심을 갖기 힘들다. '내가 이런 일 할 사람이 아닌데'라는 생각을 가진 사람들은 전단지를 돌리다 경비아저씨한테 혼나는 상황을 견디지 못한다. 어린아이들에게 사탕을 나눠주다 바닥에 버려진 사탕 봉지를 줍고 있는 자신의 모습도 인정하지 못한다. 영어를 너무 잘하거나, 스펙이 훌륭하거나, 출신 대학 또는 전 직장에서 높은 위치에 있었던 사람들이 여기에 해당한다. 본인은 이 정도는 되어야 한다고 생각하는데 그게 처음부터 되는 경우는 거의 없다.

학원 운영에서 처음부터 엘리베이터를 타고 올라가기란 쉽지 않다. 학원에 찾아온 학부모와 학생들에게 아무리 열심히 자기 자랑을 해도 학원생이 금방 늘지는 않는다. 내가 얼마나 괜찮은 사람인지는 학원을 정성스레 키워놔야 인정받을 수 있지, 처음부터 레드카펫을 깔아놓고 시작할 수는 없다. 원장실을 고급스럽게 차려놓고 본인 수준에 맞는 사람들이 찾아오길 기다리는 원장들은 금방 지쳐 포기해 버린다.

세 번째, 원장이 너무 소극적이거나 소심한 경우다. 학원 원장이라는 직업은 사람을 상대하는 일이다. 일단 밝고 에너지가 있어야 한다. 그리고 아이들에게는 더 많은 에너지와 활력이 필요하다. 조용하고 따뜻한 성격인 건 괜찮은데 아이들보다 목소리가 작거나 남들 앞에 나서지 못하는 성격이라면 한 번쯤 다시 생각해 볼 문제다.

누가 봐도 너무 착하고 여성스러운 원장님이 있었다. 말소리도 조근조근하고 상냥했지만 목소리가 너무 작았다. 그리고 4~5명만 모여 있어도 앞에 나서질 못했다. 프레젠테이션이나 간단한 자기소개까지도 너무 싫어했다. 조용히 아이들만 상대하고 싶은 것이 그 원장님의 속마음이었다. 에너지가 넘치는 남자아이들을 잘 컨트롤하지 못했고, 말 안 듣는 아이가 있으면 본인이 너무 스트레스를 받았다. 이러면 효율적으로 수업을 끌고 나갈 수도 없을뿐더러 본인 건강에도 좋지 않다.

학원은 학부모와 끊임없이 소통해야 하는 곳이다. 전화 상담도 불편하고, 간단한 학부모 간담회 자리도 피하고 싶다면 원장이라는 자리가 잘 맞지 않을 수 있다. 최소한 밝은 에너지와 씩씩함은 갖추고 있어야 에너자이저 같은 아이들과 잘 지낼 수 있다.

두 번째 학원이 망한 후 나는 인테리어를 하지 않는다. 물론 깨끗한 인테리어 욕심이 없는 건 아니다. 그러나 왠지 지금 있는 벽이며

문에 정이 간다. 아무래도 두 번째 학원이 부서진 모습을 다시 떠올리고 싶지 않은 것 같다. 아직도 남편은 그 학원 얘기를 하며 자기 퇴직금이 모두 날아갔다고 속상해한다. 나도 안다. 그때 우리 가정이 휘청일 수 있었다는 걸. 한 가족의 행복이 송두리째 날아갈 수 있었다는 걸. 그래서 개인사업은 꼭 성공해야 하고, 그냥 적당히 할 거라면 시작도 안 하는 게 낫다.

영어학원, 프랜차이즈로
해야 할까?

얼마 전 영어학원을 하고 싶어 하는 지인이 나에게 물었다.

"꼭 프랜차이즈로 해야 해?"

영어도 잘하고 과외로 아이들을 가르쳐 본 경험도 많은 분이었다. 그러니 시중에 나와 있는 교재와 영어원서로 수업해서 프랜차이즈에 내는 돈을 줄이고 싶다는 것이었다. 영어 사교육 시장에서 오래 일했다면 당장 가맹비며 교재비를 계산할 것이고, 본인 능력으로 공부방이나 1인 학원창업에 더 관심을 보일 수도 있다. 물론 과외 한번 해본 적 없고 영어도 잘 몰랐던 나에게는 이러한 선택의 여지가 없었다. 그런데도 나는 조심스럽게 프랜차이즈 학원으로 창업하기를 추천한다.

프랜차이즈 장점 1. 교재 커리큘럼이 잘 정돈되어 있다

내가 프랜차이즈를 추천하는 첫 번째 이유는 교재 커리큘럼을 이용할 수 있기 때문이다. 아무리 아이들을 많이 가르쳐 본 사람이라도 5~6년 정도 일관되게 가르칠 수 있을 만한 교재 커리큘럼을 직접 만들기는 쉽지 않다. 실제로 개인 학원을 운영 중인 원장님들에게 들어보면 교재 선정에 신경이 많이 쓰인다고 한다. 너무 잘하는 아이에 맞추자니 힘들어하는 아이가 생기고, 레벨이 높지 않은 아이는 손이 많이 가서 힘들다는 것이다. 개인의 경험으로 시중에 파는 교재들을 이리저리 맞춰가며 수업하더라도, 아이들이 조금만 많아지면 당장 다음 교재 선정을 고민해야 하는 실정이라고 했다.

좋은 교재를 선정한 뒤에도 설명이 너무 많이 필요하거나 일일이 채점해야 해서 번거롭다. 이 세상에 나쁜 교재는 없다. 어떻게 아이를 공부하게 하느냐 하는 문제가 있을 뿐. 책이 나빠서 공부를 못하는 것이 아니라 그 교재에 대한 전문적인 관리 노하우가 있어야 한다. 브랜드별로 차이는 있겠지만, 프랜차이즈 교재는 다수의 아이들을 체계적으로 관리하기에 적합하고 반복 횟수나 커리큘럼의 구성도 어느 정도 검증된 것이다.

프랜차이즈 회사마다 다르겠지만 10년 이상 노하우를 가지고 있다면 교재의 커리큘럼을 믿을 만하다고 생각한다. 따라서 내 욕심이 아니라 커리큘럼을 따라가면 된다.

덧붙여 말하자면 개인이 시중 교재로 수업을 진행할 경우 워크북 시트 작업을 따로 해야 한다. 이 과정도 만만치 않다. 처음에 아이들이 몇 명 안 될 때는 아이마다 프린트를 만들어 주며 꼼꼼하게 관리할 수 있겠지만, 아이들이 많아지면 프린트물 관리는 원장과 교사에게 큰 부담으로 다가온다. 프랜차이즈 학원들은 교재 외에 엄청난 양의 학습 프린트를 공유한다. 본사 차원에서도 그렇고, 프랜차이즈 원장들끼리 정보와 자료를 많이 공유하는 편이다. 나 혼자 모든 일을 처리하는 게 아니라 이러한 장점을 잘 살리면 업무에 쫓기지 않고 아이들을 가르칠 수 있다.

프랜차이즈 장점 2. 전국에서 좋은 스승들을 만날 수 있다

내가 프랜차이즈를 추천하는 두 번째 이유는 인맥 네트워크 때문이다. 나는 오픈 초기에 학원을 잘 몰랐기 때문에 주변 학원 설명회를 열심히 찾아다녔다. 학원은 벤치마킹이 필요한 곳이다. 잘되는 학원이 있다고 하면 꼭 가보라고 추천하고 싶다. 잘되는 곳에는 이유가 있고 그만큼 배울 것도 많기 때문이다.

그런데 내 학원이 잘된다고 모르는 사람이 갑자기 와서 구경하겠다고 하면 좋아할 원장이 있을까? 물론 전국에는 힘든 원장을 도와주려고 하고 노하우를 공유하려는 좋은 원장님들이 많이 계신다. 그러나 개인이 그런 곳을 찾아내기도 힘들고 찾아가는 일은 더 큰 용기가 필요하다. 그런 잘되는 학원의 정보를 얻고 찾아가서 배울 수 있는 것이 바로 프랜차이즈다. 정말 전국의 고수를 다 만날 수 있다.

나는 학원 운영이 힘들 때면 KTX를 타고 전라도, 강원도, 경상도는 물론 심지어 비행기를 타고 제주도까지 다닌다. 내 학원에만 붙어 있으면서 '왜 힘들지?' 하고 고민한들 원하는 답은 나오지 않는다. 오히려 잠시 학원을 나와서 다른 곳을 다니다 보면 답을 얻을 때가 많다. 어떤 학원을 가든 배울 점은 꼭 있으니까.

'우리보다 잘 가르치는 학원은 없을걸?'

계속 늘어나는 학원생 숫자에 한동안 자만할 때가 있었는데 지방의 어느 학원을 방문하고 정말 많이 반성했다. 자만할수록 가르치는 사람의 콧대는 높아지고, 아이들에게 정성을 들이기보다는 지적하고 다그치게 된다. 나는 그 학원의 따뜻한 분위기와 친절한 선생님, 밝은 아이들의 모습을 보는 순간 정말 무언가에 한 대 맞은 것 같았다.

'우리 학원도 저런 모습이었는데, 뭐가 달라진 거지?'

돌아오는 기차 안에서 계속 생각했다. 아마 우리 학원에만 계속 있었다면 절대 깨닫지 못했을 터였다. 학원 수업에 열심인 원장이라면 학원에 하루라도 빠지면 큰일 날 것 같고, 내가 없으면 무슨 일이라도 생길 것 같은 불안함에 좀처럼 학원을 비우지 못한다. 그러나 한 발 떨어져서 우리 학원을 바라보면 분명히 보이는 게 있고, 이것은 다른 학원을 방문했을 때 더 잘 보인다.

어느덧 우리 학원에도 수업을 배우고 싶다며 찾아오는 원장님들이 생겼다. 나도 배우러 온다는 원장님이 싫지 않다. 같은 프랜차이즈라는 이유만으로도 알려주고 싶다. 일단 내 경쟁사는 아니지 않은가. 동네도 다르고 찾아오는 분이 앞으로 잘해서 우리 프랜차이즈가 유명해지면 나한테도 좋은 일이고 말이다.

프랜차이즈 장점 3. 본사와 함께 움직이면 정체되지 않는다

개인사업자는 모든 것을 스스로 통제한다. 바꿔 말하면 놀고 싶으면 한없이 놀 수도 있고, 어느 정도 안정되면 새로운 일을 안 만들면 된다. 그럼 편하게 몇 년은 갈 수 있다. 하지만 고인 물은 썩게 마련이다. 교육정보와 교재를 끊임없이 연구해야 하는 것이 원장의 의무인데, 혼자서 이런 공부를 꾸준히 한다는 것은 쉽지 않다.

프랜차이즈는 계속해서 신상품을 만들어낸다. 이것이 본사가 존재하는 이유다(초창기에 교재를 만들어놓고 더 이상 새로운 교재를 개발하지 않는 곳도 있다. 이런 곳은 본사 규모가 작거나 교재 개발에 투자하지 않는 회사다). 나도 익숙한 교재가 편하고, 가끔 귀찮을 때도 있지만 웬만하면 새로 나온 교재는 먼저 풀어본다. 나 대신 돈을 투자해서 새로 만드는 데는 이유가 있을 테니까. 이렇게 프랜차이즈는 내 고집대로 가르치는 것에 따른 위험을 줄여준다.

원장이 아무리 해당 프랜차이즈를 확신하더라도 막상 교사가 자기 스타일대로 수업하면 곤란하다. 또 교사가 바뀔 때마다 원장이 새로 교육하는 것도 쉬운 일이 아니다. 프랜차이즈 본사에서는 정기적으로 교사 교육 및 교육 세미나를 진행하는데, 일반적으로 신규 교사 채용 시 프랜차이즈 교육을 먼저 받게 한다. 교재 교육 및 본사의 교육방향이나 철학을 먼저 배우게 한 다음 학원 자체적으로 필요한 교육을 실시한다. 지역별로 차이는 있지만 매주 또는 매달 회의도 연다. 같은 지역의 원장들끼리 만나서 정보도 공유하고 본사의 새로운 교재 발간 소식 등을 지역 담당자에게 전달받는다.

교육 사업을 한다면 교육 정보에 항상 귀를 기울여야 한다. 최신 교육 트렌드나 정보를 쉽게 받아 볼 수 있는 것은 프랜차이즈의 커다란 장점이다. 회사 차원에서 정보를 제공하기 때문에 나의 노력과 시간을 줄일 수 있고, 현장에서 손쉽게 교육 정보를 접할 수 있어서 편리하다.

프랜차이즈, 어느 업체로 선택할까?

프랜차이즈로 영어학원을 시작하려고 마음먹었다면 그다음 문제는 어느 프랜차이즈를 선택할까 하는 것이다. 검색창에 '영어학원 프랜차이즈', '초등 영어학원'만 검색해도 수십 개의 프랜차이즈 이름이 뜰 것이다. 이들 중에 어디가 좋은 프랜차이즈일까?

나는 우리 학원을 오픈한 이후에 생긴 새 프랜차이즈 사업설명회도 다 다녀봤다. 프랜차이즈를 바꿔보려고 다닌 것은 아니다. 여러 곳의 정보가 필요했을 뿐이다. 다녀본 사업설명회들은 모두 화려하고 소위 있어 보였다. 교재도 알록달록하고 고급스러웠다.

'그런데 이 교재로 아이들을 가르칠 수 있을까?'

내가 아직도 처음 프랜차이즈를 고집하는 이유는 이 질문에 대한 답을 다른 곳에서 찾지 못했기 때문이다. 학원을 해본 사람들은 알 것이다. 아이들이 테이프를 듣고 있어도 듣는 게 아니고, 컴퓨터 화면을 보고 있어도 보는 게 아니라는 것을. 엄마들도 안다. 아이가 공부한다고 방에 들어가 책상 앞에 앉아 있다고 해서 그게 다 공부하는 시간이 아니라는 걸. 문제는 아이가 공부한 걸 어떻게 확인하느냐는 것이다. 이와 관련한 노하우를 많이 보유한 곳을 선택하는 게 좋다.

요즘은 아이들이 영어공부하는 것을 돕는 기기가 정말 다양하게 잘 나와 있다. 아이들은 테이프를 거쳐 CD플레이어, 컴퓨터, 이제는 개인 태블릿까지 첨단 기기들로 영어공부를 한다. 그런데 기기가 좋아진다는 것에는 장점도 있지만, 단점도 분명히 있다.

우선 장점은 반복학습이 무한대로 가능하고, 자동채점 기능 등으로 아이와 교사의 시간을 절약해 준다는 것이다. 학습과정을 녹음하면 아이의 학습과정까지 관리할 수 있고, 학습시간과 학습기간 중 교재 진행사항 등이 전산화되어 한눈에 관리가 가능하다. 그리고 아이 개개인의 학습자료를 체계적으로 관리할 수 있으며 집에서도 학원에서 하던 학습을 이어서 할 수 있다.

반면에 단점은 아이가 교사와 상호작용하던 수업이 컴퓨터 화면이나 온라인 문제풀이 등으로 대체되면서 교사가 아이의 학습 이해도를 일일이 체크할 수 없게 되었다는 것이다. 예를 들면 교사가 아이의 문제풀이 하는 것을 세심히 살피며 이 아이가 뭘 모르는지 확인할 수 있는 과정 자체가 생략되고 기계채점, 기계리포트 등의 학습

결과만이 제공된다. 실제로 온라인으로 학습을 대체하면 동영상이나 개념설명을 제대로 듣지 않고 시간만 보내는 아이들도 있다. 아무리 4차 산업혁명 시대이고 AI(인공지능)가 많은 것을 대체한다고 하지만 교육분야에서 교사의 역할은 분명히 필요하다.

프랜차이즈 선택을 고민할 때 교사와 학생의 상호작용이 얼마나 자주, 많이 이루어지는지 확인해 보는 것은 필수다. 그리고 아이의 학습결과를 확인하려면 무조건 아이가 많이 설명하고 말하는 과정이 있어야 한다. 첨단기기, 프로그램, 교재만 화려하고 정작 교사의 역할이나 아이의 수업 모습, 원장의 노하우에는 신경 쓰지 않는다면 '어떻게 가르칠 건데?'라는 질문에 대한 답이 빠져 있는 것이다.

그래서 사업설명회를 최대한 많이 다녀봐야 한다. 가서 정말 좋은 프랜차이즈라는 확신이 든다면 그 프랜차이즈 학원을 몇 군데 실제로 찾아가 본다. 사업설명회에서 한 이야기와 현장에 있는 원장들의 이야기가 다를 수 있기 때문이다. 신규 가맹을 희망하면 그 프랜차이즈에서 잘나가는 학원을 볼 수 있게 해준다. 이때 아이들의 수업 모습, 교사의 점검 및 강의 스타일, 원장의 역할 등을 생각하며 둘러보길 바란다.

꼭 하나의 프랜차이즈만 고집해야 할까?

영어학원을 하다 보면 새로 론칭하는 프랜차이즈 우편물이 정말 많이 온다. 영업사원들이 직접 학원을 방문하기도 한다. 어느 정도 잘되는 학원이라면 파격적인 조건을 제시하며 간판을 바꾸라고 유혹하기도 한다.

내가 영어학원을 운영하는 13년간 중간에 다른 프랜차이즈로 간 원장님들도 많았고, 다른 프랜차이즈로 옮겼다가 다시 돌아오는 원장님들도 많았다. 나처럼 10년 넘게 한 프랜차이즈만 고집하는 경우는 사실 그리 많지 않다. 그렇다고 하나의 프랜차이즈만 고집하라는 말은 아니다. 다른 곳은 거들떠보지도 않고 충성한다고 해서 아무도 고마워하지 않는다. 다시 한번 말하지만 개인사업은 내 사업이다. 프랜차이즈도 마찬가지다. 그래서 원장에게는 정보가 필요하다. 내 프랜차이즈뿐만 아니라 동종 업계에 다른 프랜차이즈가 생겼다면 관심을 가지고 가보길 바란다. 내가 부족하다고 생각했던 부분을 다른 프랜차이즈에서 가지고 있을 수도 있고, 좀 더 트렌디하고 시대의 요구에 맞는 프랜차이즈일 수도 있다.

프랜차이즈 변경을 염두에 둘 때 한 가지 주의할 점이 있다. 이미 학원생이 어느 정도 되고 그 동네에서 인지도가 있다면 간판을 바꾸는 일은 정말 신중히 결정해야 한다는 것이다. 내가 아는 학원은 같은 자리에서 간판만 네 번이 바뀌었다. 그때마다 같은 원장이 이 프랜차이즈 프로그램이 최고라고 설명회를 한다면 이제까지 배운 방법은 뭔가 문제가 있었다는 말이 되지 않을까? 그리고 한 번은 학부모들도 그런가 보다 하고 이해하지만, 너무 자주 반복되면 신뢰를 잃을 수밖에 없다.

또한 비용을 줄이려는 목적으로 프랜차이즈를 갈아타는 것은 생각해 볼 문제다. 당장은 교재비나 가맹비를 절약할 수 있어도, 새 프랜차이즈 교재 커리큘럼을 적용하고 아이들을 가르칠 때까지 걸리는 시간 비용도 고려해야 한다. 교재가 다 비슷비슷하다고 생각해서 원장이 자신의 능력만 믿고 다른 프랜차이즈로 바꾼다면 잘 적응 중인 아이들의 입장은 고려하지 않는 셈이 된다.

원장은 프랜차이즈의 직원이 아니라 한 사업체의 사장이다. 절대 의리나 정으로 한 프랜차이즈를 고집할 필요는 없다. 그러나 프랜차이즈 변경을 고려한다면 정말 충분히 생각하고 고민해서 결정해야 한다. 내가 가르치던 프랜차이즈 방법에 신뢰가 안 가고 새로운 프랜차이즈에 믿음이 간다면 동네를 옮겨서 시작하는 것도 방법이다. 사정상 기존 학원에서 다른 프랜차이즈로 바꿔야 한다면 기존 원생들에게 충분히 안내하는 것은 물론, 철저한 교재연구 및 프로그램 숙지가 선행되어야 한다.

프랜차이즈 선정 시 고려할 사항

1. 프랜차이즈 선택에서 가장 중요한 건 책이다(무조건 교재부터 확인한다).

시간적인 여유가 있다면 가맹하려는 프랜차이즈의 교재를 먼저 풀어보는 것도 좋은 방법이다. 레벨별로 대표 교재를 확인하고, 학원 오픈 준비기간에 충분히 교재를 연구하길 바란다. 교재에 대한 확신을 가지면 학원 창업의 성공에 한 발짝 더 가까이 다가갈 수 있다.

2. 온라인과 오프라인 수업 비율을 확인한다(온라인 비율이 너무 높다면 교사 점검 횟수를 확인한다).

아무리 좋은 프로그램이라도 교사와의 교류가 너무 없는 수업은 위험할 수 있다. 아이들은 교사와의 질문과 점검을 통한 상호작용 속에서 더 성장할 수 있기 때문이다. 온라인 비율이 높으면 교사 점검 횟수가 많은지 확인하자. 실제 해당 프랜차이즈의 수업을 참관하는 것도 좋은 방법이다.

3. 본사의 규모도 중요하다. 전체 가맹 수, 전체 원생 수, 교재 개수 등을 숫자로 파악한다.

'가맹점 1,000개 돌파! 최단기간 가맹점 500개 돌파!' 등 프랜차이즈 학원들은 가맹점 수를 홍보수단으로 활용한다. 그런데 가맹점은 많은데 개별 프랜차이즈 학원들의 실제 원생 수는 적은 경우도 많다. 이런 경우 본사는 가맹점이 많아서 좋을지 몰라도 학원들의 수익성은 높지 않다. 또한 본사의 규모에 따라 교재의 질과 양에도 차이가 날 수 있다. 교재는 정기적으로 개정되는지, 새로 개발된 교재가 있는지도 확인해 보는 것이 좋다. 레벨별로 교재가 충분히 있는지도 검토해봐야 한다.

4. 교사 교육 프로그램과 지속적인 본사 지원 정책을 확인한다.

프랜차이즈 교사 교육은 중요하다. 해당 프랜차이즈의 교재 철학과 방향을 공유하는 교사야말로 프랜차이즈 학원의 수준을 결정하기 때문이다. 교사들이 새로 들어올 때마다 일일이 교육할 수 없으므로 본사에서 교사 교육을 지원해 주는 프로그램이 있는지 꼭 확인해 봐야 한다.

5. 정기적인 회의와 교육일정이 있는지 확인한다.

지역별로 프랜차이즈 원장들끼리 만나는 회의가 있다. 이 회의에서는 서로 정보를 공유하며 본사에서 새로 나온 교재나 신학기 홍보 프로모션 등의 계획을 전달받는다. 같은 원장들끼리의 정보 공유는 학원 운영에 많은 도움이 된다. 이런 정기적인 회의가 너무 적으면 원장이 알아서 본사 정보를 찾아봐야 하니 이 부분도 반드시 확인한다.

잘나가는 학원을 매매하고 싶다면?

오전에 학원에서 업무를 보다 보면 가끔 이런 전화를 받는다.

"원장님, 학원 매매에 관심 있으신가요?"

원생 수가 어느 정도 되는 학원에 학원 매매 전문업체들이 학원을 팔라고 전화하는 경우다. 대개 기존 학원 매매의 경우 학원생 수에 따라 매매가를 결정한다. 그리고 처음 학원을 오픈하려는 입장이나 학원을 확장하고 싶은 입장에서는 기존의 잘나가는 학원을 매매하고 싶어 한다. 하지만 학원 원장이 바뀌는 순간 그 학원은 다른 학원이 되어버린다. 학원은 음식 레시피를 공유하며 비슷한 맛을 내는 음식점과 다르다. 교육이라는 가치관과 개인의 노하우를 공유하기는 힘들기 때문이다. 그래서 학원 매매 후에 학원생 수가 그대로 지속되기 힘들고 그럴 경우 분쟁 혹은 불만이 생긴다.

원생 수가 많으면 시작하기 쉬울 것 같지만 처음 투자금도 만만치 않고 초보 원장이라면 유지하기는 더욱 힘들다. 원생 수 100명인 학원을 샀는데 학원을 거래하자마자 원생 수가 빠지는 경우도 흔하다. 심지어는 원생 수를 거짓으로 올려놓고 매매하는 경우도 많다. 정상적으로 잘되는 학원이라도 원장의 인지도와 인기를 무시할 수 없다. 그러다 보니 이미 학원을 판 원장이 여전히 원장인 것처럼 학원에 있는 경우도 종종 있다. 계약일까지 아무 일 없다는 듯이 학원에 있다가 다음 날 조용히 원장이 바뀌는 경우도 이런 경우다. 학원생과 학부모 입장에서는 황당하기 짝이 없고 배신감을 느낄 수도 있다. 그러므로 기존의 잘나가는 학원을 인수할 때는 신중하게 결정해야 한다.

성공하는

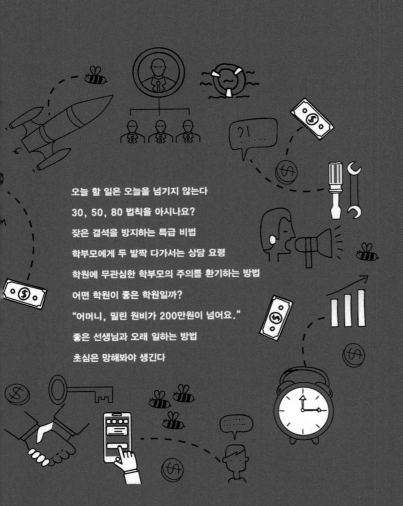

오늘 할 일은 오늘을 넘기지 않는다

30, 50, 80 법칙을 아시나요?

잦은 결석을 방지하는 특급 비법

학부모에게 두 발짝 다가서는 상담 요령

학원에 무관심한 학부모의 주의를 환기하는 방법

어떤 학원이 좋은 학원일까?

"어머니, 밀린 원비가 200만원이 넘어요."

좋은 선생님과 오래 일하는 방법

초심은 망해봐야 생긴다

학원의 운영
노하우

오늘 할 일은
오늘을 넘기지 않는다

학원을 성공적으로 운영하고 싶다면 하루하루 운영에 충실해야 한다. 하루를 소홀히 하면서 최종 목표를 성공으로 세운다는 건 앞뒤가 맞지 않는 일이다. 학원 구성원들의 하루하루가 모여 결과를 내는 것이므로 오늘 하루를 가장 중요하게 여겨야 한다.

누가 시켜서 하는 것이 아니라 스스로 계획하고 실행해야 하는 것이 사업이다. 때로는 힘든 상황이 이어져 지치기도 하고 때로는 너무 잘 되어서 슬슬 쉴 곳을 찾기도 한다. 이럴 때 원장에게 가장 먼저 떠오르는 생각이 바로 '내일 해도 되지 않을까?'라는 생각이다. 사실 내일로 슬쩍 미뤄도 일반 회사처럼 누가 뭐라고 하지 않는다. 그런데 그렇게 하루하루 미루다 보면 어느 순간 위기를 맞닥뜨리게 되고 그제야 벼락치기로 움직이지만 회복이 쉽지 않다. 그래서 성공하는 학원에는 절대 뒤로 미루지 않는 '특별한 것'이 있다.

원장 - 소식지를 꼬박꼬박 만든다

나는 매달 20일에는 다음 달 학원 소식지를 만든다. 매달 재등록이 이루어져야 하기 때문에 학부모들에게 등록 및 학원 행사 안내를 하기 위해서다.

학원의 소식지만큼은 원장이 직접 만들어야 한다. 그 소식지를 만들며 원장의 한 달 스케줄이 나온다. 나는 학원생이 몇 명 없었던 초기부터 소식지를 만들었다. 처음에는 잘 몰랐기 때문에 주변에 잘하는 학원을 방문해서 소식지를 모았다. 그걸 참고로 하면서 나만의 스타일로 만들려고 노력했다. 지금은 우리 학원 소식지를 보내 달라고 하는 원장님들이 계신다.

처음엔 어떻게 만들어야 하는지 모르니까 다른 학원 것을 참고하자. 이때 다른 학원의 소식지를 참고하여 만들더라도 그대로 베끼는 게 아니라 우리 학원만의 스타일로 직접 만들어 봐야 한다. 우리 학원만의 정보가 있어야 우리 학원 교육 소식지라고 할 수 있다. 학원 규모가 작거나 소식지를 만드는 것을 부담스러워하는 원장의 경우 소식지를 아예 만들지 않거나 다른 학원의 소식지를 살짝 고쳐서 형식적으로 보내기도 한다. 원비 안내 및 대략적인 설명만 되어 있는 한 장짜리 소식지도 많다. 학부모 입장에서는 읽어도 그만, 안 읽어도 그만인 이런 소식지는 만들어 봐야 별 의미가 없다. 그래서 대다수의 학원 소식지들이 아이들 가방에서 학부모에게 전달되지 않는다.

학원 소식지를 만드는 이유는 학부모에게 아이가 학원에서 어떻게 활동하는지, 학원에서는 어떻게 교육하고 있는지 알려주기 위해서다. 모든 학부모들의 관심은 내 아이다. 아무리 좋은 교육정보가 있어도 '그것이 내 아이에게 어떤 효과가 있는데?'가 가장 궁금하다. 그래서 우리 학원 소식지에는 우리 학원과 우리 아이들의 이야기가 담겨있다.

혹시 직접 소식지를 만드는 것이 영 부담스럽다면 '엔써통'이라는 소식지를 신청해 보길 바란다. 홈페이지상에서 무료로 구독신청을 할 수 있는 학원 소식지인데 매달 한 번씩 학원에서 받아볼 수 있다. 여기에 학원의 한 달 스케줄을 알려주는 정보란이 있는데 처음에는 그 계획표부터 활용하면 된다(주차별로 원장, 교사가 해야 할 일, 매월 시험기간, 방학 특강 기간 등 이슈가 될 만한 내용이 잘 정리되어 있다). 다른 학원의 정보도 알 수 있고, 교육정보, 학원 관련 법률 등 우리 학원 소식지를 만들 때 참고할 자료가 많다.

학원에서 만들어야 할 소식지의 내용은 크게 학원 스케줄, 학원 행사 소식, 교육정보의 세 가지로 나뉜다. 우선 첫 번째 면에는 학원 수업 스케줄을 한눈에 볼 수 있도록 한 달짜리 캘린더를 싣는다. 주변 학교들의 행사 일정도 함께 넣으면 더 효과적이다. 예를 들어 중학교 듣기평가 기간이라든지, 현장학습 가는 날 등을 표시하는 것이다. 우리 학원 소식지만 봐도 학교 소식과 아이들 스케줄을 한눈에 볼 수 있어서 학부모들이 무척 좋아한다. 그러므로 소식지 만들기 전 학교 홈페이지 방문은 필수다.

개인적으로 추천하는 방법은 소식지에 아이들이 직접 작성하는 공간을 만드는 것이다. 학원 스케줄표 아래에 아이들의 일주일 스케줄 표를 만들어 주면 효과적이다. 요즘 아이들은 바쁘다. 학교 방과 후도 다양하고, 예체능 학원도 많이 다니기 때문에 요일별로 스케줄이 다르다. 학교가 일찍 끝나는 요일도 있고, 방과 후 수업이 많은 요일도 있고, 일주일에 한 번 가는 댄스학원이 있을 수도 있다. 소식지를 나누어 주며 아이들에게 이번 달 요일별 스케줄을 다시 적어보게 한다. 우리 학원은 등원 시간이 자유로운 편이어서 미리 스케줄을 확인해 놓지 않으면 아이들이 자꾸 학원 시간을 놓친다. 그런데 이렇게 아이들이 직접 시간을 정하게 하면 시간에 쫓기지 않고 스케줄 관리를 할 수 있고, 학부모들도 아이가 직접 작성한 스케줄 표를 보며 아이의 일주일 스케줄을 다시 한번 확인할 수 있다.

특히 새 학기에는 학년도 바뀌고 학원 스케줄도 바뀌기 때문에 학부모들은 아이의 스케줄을 맞추느라 많은 시간을 고민한다. 학원 소식지를 받았을 때 첫 번째 페이지에 아이 글씨가 있으면 한 번이라도 더 소식지를 확인하기 마련이다. 일반 인쇄물은 대충 보고 말지만 내 아이의 손글씨가 있으면 아무래도 좀 더 유심히 보게 되기 때문이다. 아이들 요일별 스케줄 말고도 이번 달 아이의 개인 목표나 이번 달에 꼭 하고 싶은 세 가지 등을 적게 하는 것도 좋은 방법이다. 아이들의 재미있는 생각을 읽을 수도 있고 학부모들과 공감할 만한 정보를 얻을 수도 있어서 일석이조다.

두 번째 면에는 학원 행사 안내를 넣는다. 매년 정기적으로 하는 발표회 행사 외에 매달 학부모들과 만나서 소통하는 간담회 등의 모임 일정을 적는다. 간담회는 매달 한 번씩 엄마들이 학원에 정식으로 방문하는 날이다. 예를 들어 매달 마지막 주 금요일을 우리 학원 간담회 날로 정해 놓으면 평소에 상담을 원했거나, 학원에 대한 정보가 추가로 필요한 학부모들이 부담 없이 학원을 찾아올 수 있다. 간담회 때 원장을 만날 수 있다고 하면 일대일 면담은 좀 부담스러운데 평소에 궁금한 게 있던 학부모 중 시간이 되는 분들은 편하게 찾아온다. 그리고 간담회에 자주 참석하는 분들은 학원을 믿고 아이들을 오래 맡긴다. 학부모 간담회는 사소한 불만 사항이나 아이에 대한 정보를 서로 공유할 수 있는 시간이니만큼 정기적으로 진행하는 게 좋다고 생각한다. 그러려면 일단 소식지에 간담회 일정을 공지하고 그대로 지키는 것이 바람직하다.

원장이 해야 할 주 업무는 홍보, 상담, 행사 기획이다. 입시전문 학원이 아닌 동네 학원들은 수업만 하는 곳이 아니다(요즘은 입시 전문 학원도 수업만 하지 않지만). 아이들 그리고 학부모들과 끊임없이 소통해야 하고 성적 외에 아이의 잠재력을 끌어내 주는 곳이어야 한다. 학원 행사를 그냥 아이들에게 맛있는 간식을 주고 노는 것으로만 잡아서는 안 된다. 즐겁게 노는 가운데서 아이들에게 유익한 것이 있도록 똑똑하게 기획해야 한다.

행사의 종류는 많다. 학부모 간담회, 학년별 학생 설명회, 교육정보 설명회, 공개수업, 영어발표회, 단어경시대회, 영작대회, 리딩데이,

벼룩시장, 팝송데이, 무비데이 등 학원에서는 매달 1회 이상 크고 작은 행사를 열어야 한다. 아이들도 매일 똑같은 수업은 재미없어한다. 뭔가 특별한 날이 있으면 아이들은 학원에 더 애정을 가지고 소속감을 갖는다. 그리고 영어로 하는 다양한 활동을 통해 영어가 그냥 공부로 그치는 게 아닌 실제로 활용할 수 있는 유용한 도구라는 것을 아이들에게 가르칠 수 있다. 학부모들도 이 학원은 그냥 똑같이 수업만 하는 곳이 아니라 계속 역동적으로 움직이는 학원이라며 더 마음에 들어하고 믿어주는 것 같다.

초보 원장이라면 매월 작은 행사라도 하나씩 기획하는 습관을 기르자. 이번 달은 지난달과 다른 뭔가 특별한 활동이 있어야 한다. 학원은 매달 결제가 이루어지는 곳이다. 그냥 편하게 지난달과 같은 모습으로 아이들을 맞으면 안 된다. 정체되어 있지 않고 움직이는 학원이라는 이미지를 소식지를 통해 학부모에게 계속 전달해야 살아남을 수 있다. 그리고 원장이 적극적으로 일하는 학원만이 성장할 수 있다.

마지막 면에는 교육소식을 싣는다. 프랜차이즈라면 매달 발행되는 교육소식이 있을 것이다. 그런 정보를 편집해서 그대로 사용해도 된다. 아니면 입시정보 및 아이들 학습정보가 많은 엔써통의 정보를 활용해도 좋다. 개인적으로 교육 관련 신문 스크랩이나 독서정보 넣기를 추천한다. 요즘 영어공부법에 관한 책이 엄청나게 쏟아져 나오는데 그런 책들을 읽어보고 유용한 정보를 함께 정리해서 넣어주는 것이다. 예를 들어 영어책 한 권 외우는 공부방법은 무엇인지, 영화 한 편 씹어 먹는 공부방법은 무엇인지 등 여러 학습법을 소개해 주는 식이다.

우리 학원 교재의 정보를 정리해도 좋은 교육소식이 된다. 우리 학원만의 노하우, 또는 새로운 신간교재 소개, 영어원서 소개 등 매달 유용한 정보를 정리하다 보면 원장 개인의 지식 및 노하우도 함께 정리할 수 있다. 이렇게 세 가지 기본 정보 외에도 학원 행사가 있었다면 행사 사진이나 경시대회 결과 공지 등을 넣으면 된다.

교사 - 전화 관리를 미루지 않는다

학원은 아이들이 매일 찾아와 매일 정해진 양을 공부하는 곳이다. 그런 만큼 교사들이 매일 미루지 말아야 할 관리 중 하나가 전화 관리다. 기본적으로 결석콜, 보충콜, 진도콜은 꼭 그날 안에 해야 한다. 아이들이 많다고 결석콜을 미루면 안 된다. 아이가 그날 안 온 이유는 그날 반드시 파악해야 한다.

나는 혹시 학부모가 전화를 받지 않으면 아이가 결석했다는 문자라도 발송하라고 선생님들에게 당부한다. 만에 하나 학부모는 아이가 학원에 간 줄 아는데 아이가 오지 않을 경우 사고가 있을 수도 있기 때문이다. 아이가 아파서 빠지더라도 전화 확인은 해야 한다. 내 아이가 사정이 있어서 학원을 못 갔는데 전화 한 통 없이 다음 날 아이를 맞는 학원이 마음에 드는 학부모는 없을 것이다. 물론 미리 학원으로 연락하여 아이의 상황을 알려주는 학부모들이 대부분이긴 하지만, 어쩔 수 없이 연락을 못 했다면 학원에서 먼저 연락해야 한다.

결석콜만큼 보충콜도 중요하다. 보충을 하면 수업시간이 길어질 수 있으므로 미리 학부모에게 이야기해 두어야 한다. 안 그래도 아이의 스케줄이 많은 날인데 학원에서 갑자기 보충까지 한다고 하면 아이도 속상하고 학부모들도 좋아하지 않는다. 학부모들이 아이의 스케줄을 미리 확인해야 하므로 보충하는 날짜를 알리는 보충콜은 꼭 사전에 하자.

마지막으로 진도콜은 교재가 끝났을 때 한 달에 한 번 하면 된다. 아이의 월말 평가 결과, 학습태도, 다음 교재 안내가 기본이다. 가끔 전화 상담을 하라고 하면 아이가 너무 착하다는 등, 귀여워 죽겠다는 등의 이야기를 하는 교사들이 있는데, 상담콜의 목적을 분명히 한 다음 전화해야 한다. 영어학원에서 상담콜이 왔는데 영어 이야기는 빠져있고 잡담만 하다가 끊는다면 학부모 입장에서도 반가울 리 없다. 우리 학원에서는 진도콜을 할 때 정보를 전달한 후에 마지막으로 이렇게 묻는다.

"혹시 요즘 아이가 힘들다고 하지는 않나요? 혹시라도 학원에서 선생님한테는 표현 못할 수도 있으니 엄마한테 투정부리는 내용이 있으면 알려주세요. 그래야 저희가 수업에 참고하죠."

내 아이의 마음을 가장 잘 알고 있는 사람은 학부모이니 혹시 학원에서 놓치는 부분이 없는지 확인하는 것이다.

교사들이 전화 업무를 부담스러워할 수도 있지만 절대 미루면 안 된다. 하루만 미루어도 학원에서 문제가 생길 수 있는 중요한 일이기 때문에 결석콜, 보충콜, 진도콜 이 세 가지 원칙은 꼭 머릿속에 새겨두자.

이 밖에 긴급상황 콜이 있다. 이 부분은 보통 원장이 하는데 말 그대로 긴급상황 콜이다. 시간을 지체하면 안 된다. 첫 번째 긴급상황은 아이가 다치거나 아픈 경우다. 학원에서 미끄러져 다치기도 하고, 친구와 장난치다 손톱에 긁히기도 하며, 갑자기 코피가 나기도 한다. 유리문에서 서로 먼저 들어간다고 뛰어 들어오다 손가락을 다치는 경우도 있다. 이럴 경우 즉시 학부모와 연락하고, 아이가 학원에서 다쳤다면 원장이 직접 병원에 데리고 가야 한다. 그리고 수업 중에 감기 등의 이유로 아프다는 아이는 그냥 집으로 보내지 말고 학부모와 연락해서 집에 어른이 계시는지 확인하고 보내야 한다.

두 번째 긴급상황은 아이가 속상해하거나 울고 집에 돌아간 경우다. 이런 경우에 원인은 다양하다. 학습이 힘들었을 수도 있고, 선생님한테 혼났을 수도 있고, 친구랑 싸웠을 수도 있고, 학교에서 있었던 안 좋은 일로 스트레스가 쌓여 있다가 학원에서 터졌을 수도 있다. 나는 이럴 때 내가 자리에 없더라도 교사에게 즉시 수업을 중단하고 학부모한테 연락부터 하라고 당부한다. 아이가 집에 도착하기 전에 학부모와 연락해야 한다.

만약 교사한테 혼난 것이 원인이라면 있었던 일을 객관적으로 설명하고 아이가 속상해한 부분을 이야기한다. 예를 들어 옆의 아이와 떠들다가 혼나는 경우 억울하게 여기는 아이들이 있다. 내가 먼저 말을 건 게 아니라 옆의 애가 자꾸 말 시킨 건데 혼났다는 것이다. 아이의 입장에서는 충분히 억울해할 수도 있지만 수업 분위기 때문에 어쩔 수 없이 야단쳤거나, 이 아이가 그동안 수업 중에 자주 떠들었을 수도 있다. 아무것도 모르는 학부모 입장에서는 아이가 갑자기 울며 들어오거나 속상한 표정으로 돌아오면 놀랄 수밖에 없을 것이다. 아이가 집에 도착하기 전에 미리 이러이러한 일이 있어서 아이가 속상했을 수도 있다고 알려드리면 학부모들도 대부분 이해해준다.

이러한 돌발상황들에 대해 교사들에게 미리 알려주고 이런 일들이 생기면 반드시 당일 전화하도록 당부하자.

학생 - 진도를 미루지 않는다

학원은 매일 오는 곳이다. 외국어를 배울 때는 꾸준한 습관이 중요하다. 매일 학원으로 와서 소리 내어 영어를 훈련하고, 정해진 학습량을 매일 공부해야 한다. 우리 학원에서는 안 하고 싶어 하는 아이, 못하는 아이, 멍 때리는 아이, 결석해서 보충이 필요한 아이… 한 명 한 명 모두 진도를 체크하고 있다.

내가 우리 학원에서 영어 말고 아이들에게 가르쳐주고 싶은 습관이 있다. 바로 '오늘 할 일은 오늘을 넘기지 않는다'라는 것이다. 그런데 100명의 아이들이 모두 정해진 학습량을 채우기는 쉽지 않다. 그래서 우리 학원에서는 세 가지 원칙을 세우고 있다.

1. 아이가 해낼 수 있는 교재부터 레벨을 정한다.
2. 학습을 어려워하는 아이들은 교사와 가까운 자리에 앉는다.

3. 계속 진도가 밀리면, 결석해서 보충하는 아이들과 함께 원장실에서 3일 동안 진도를 맞춰준다.

첫째, 아이가 해낼 수 있는 교재부터 레벨을 정한다. 아이들은 영어를 잘하려고 학원에 온다. 즉, 모르니까 배우러 오는 것이다. 그런데 자꾸 모른다고 아이를 다그친다면 어떨까? 모르는 것을 차근차근 알게 되면 학습이 즐겁지만 모르는데 자꾸 채근하면 점점 하기가 싫어진다. 그래서 아이의 레벨 파악이 중요하다. 영어학원 특성상 학부모들이 학년에 맞는 레벨을 자꾸 요구하거나 기존에 다니던 영어학원의 레벨을 포기하지 못하고 무조건 높게 잡아달라고 요구하는 경우가 있다. 그런 경우에는 아이가 너무 힘들다. 우리 학원은 학년과 상관없이 아이가 해낼 수 있는 교재부터 수업을 시작한다. 학습량도 한시간 정도에 끝날 수 있게 준다. 그런데도 진도가 밀리는 것은 몰라서가 아니라 습관의 문제다. 매일 같은 양의 밥을 규칙적으로 먹는 아이는 건강하게 자란다. 하루는 귀찮다고 안 먹고 다음 날 두 그릇씩 먹는다면 어떨까? 학습도 마찬가지다. 아이의 양에 맞춰서 아이가 해낼 수 있는 교재로 규칙적으로 공부하면 영어실력도 늘 수밖에 없다.

둘째, 학습을 힘들어하는 아이는 교사와 가까운 자리에 앉힌다. 레벨에 맞는 교재라도 아이가 유독 힘들어하거나 어려워하는 날이 있다. 아니면 지금까지 잘해왔는데 유독 문법 레벨에서 어려워할 수 있고, 알파벳 모음 소리를 구별하는 것을 힘들어할 수도 있다. 이런 경우 무조건 교사와 가까운 자리에 앉히고 아이의 상황을 중간중간 수시로 체크한다. 따라할 때 발음이 틀리진 않는지, 원어민 속도를 잘 따라가지 못하는 것은 아닌지, 단어 스펠링을 어려워하는지 등을 교사가 중간에 한 번 더 봐주는 것이다. 그렇게 하면 아이 집중력도 높아지고, 수업하는 모습도 점점 좋아진다.

셋째, 계속 진도가 밀리는 아이는 원장실에서 3일 동안 진도를 마치게 한다. 강의식으로 수업하는 학원이라면 아이들의 학습 이해도와 상관없이 진도를 나간다. 그러나 우리 학원은 아이들이 개인적으로 진도를 나가는 학원이다. 학습 양이 정해져 있고 수업 시간 기준으로 그날 수업이 끝나는 게 아니라 그날 해야 하는 교재 양을 마쳐야만 수업이 끝난다. 선생님 설명만 듣고 끝나는 게 아니라 그날 배운 원리에 대한 문제풀이까지 종료되어야 수업이 끝나는 것이다.

그날 학습을 모두 완료한 아이는 표정이 뿌듯하고, 시간이 오래 걸려서 문제풀이를 다 마치지 못하고 그냥 수업이 끝난 아이는 표정이 개운하지 않다. 오늘 끝내지 못한 공부를 내일로 미뤄야 해서 내일 공부할 양이 늘어나니 부담을 한가득 안고 귀가한다.

학습은 습관이다. 하루에 정해진 진도를 끝내본 경험이 있는 아이는 끝내는 성취감과 즐거움을 안다. 그런데 그게 자꾸 좌절되면 공부 자체가 싫어진다.

나는 진도가 뒤처진 아이를 3일 동안 데리고 공부해서 진도를 맞춘다. 학부모와 미리 전화상담을 해서 시간이 오래 걸리더라도 그날 진도는 그날 끝내는 것을 원칙으로 한다. 그래서 우리 학원 원장실에서는 항상 보충하는 아이와 진도가 끝나지 않은 아이들이 나와 함께 공부한다. 3일만 하면 어느 정도 진도를 끝낼 능력이 생기고, 무엇보다도 스스로 진도를 끝낼 수 있다는 자신감이 생긴다.

어떻게 3일 만에 되느냐고 궁금할 수 있다. 아이들은 못 하는 게 아니라 안 하는 것일 뿐이다. 자신에게 맞는 방법으로 공부하면 충분히 해내는 아이들이 대다수다. 원장실에서 가만히 진도가 처지는 아이가 수업하는 모습을 지켜보면, 세 번씩 따라 하는 걸 한 번만 따라하고 1시간만 되면 시계만 쳐다보고 심통을 부린다. 문제풀이 10개를 못하는 아이는 다음 날도 10개 정도를 못 끝낸다. 앞에 밀려 있는 10개 때문이다. 하루만 조금 더 시간을 투자해서 제대로 진도를 끝내면 다음 날 새로운 진도만 맞추면 되니까 아이 마음과 표정도 가벼워진다.

"너 여기서 끝내면 내일 또 중간까지밖에 못하고 갈 거야. 그럼 내일도 힘들겠지? 오늘 조금만 더하자."

아이를 달래가며 하루에 한 진도, 한 달에 교재 한 권. 이걸 해내면 아이들의 학습시간도 점점 줄어든다. 그렇게 한 번이라도 끝내본 아이에게는 계속 진도를 맞출 수 있는 힘이 생긴다.

"선생님, 승호는 왜 계속 진도가 뒤처질까요?"
"원래 잘 못하잖아요. 어제도 수업시간을 초과해서 했는데도 진도를 못 끝내더라고요."

가끔 학원에서 교사들끼리 하는 대화다. 의외로 많은 교사들이 아이 수업이 뒤처지는 것을 아이 탓으로 돌린다. 하지만 나는 세상에 원래 못하는 아이는 없다고 생각한다. 작은 것부터 해낼 수 있게 도와주면 모든 아이들은 작은 일부터 시작해서 점점 더 큰일도 해낼 힘을 갖게 된다. 교사의 강의가 아무리 훌륭해도 원래 못하는 애라면 학부모가 뭐하러 비싼 학원비를 내며 학원에 보낼까? 무조건 그 아이 수준에 맞춰 잘할 수 있게 도와줘야 한다. 그것이 교사의 능력이다.

문제풀이 책이 어렵다면 그 아이가 해낼 수 있는 책으로 바꾸어주면 된다. 그리고 그 아이에게 조금 더 정성을 쏟으면 조금씩이라도 성장하는 모습이 보인다. 교사는 강의를 훌륭하게 해내기보다 아이들이 함께 해낼 수 있도록 도와줘야 한다.

아이들에게 하루 진도를 해낼 수 있는 능력을 키워주는 게 교사의 역할이다. 나는 선생님들에게 아이를 도와주라고, 혼내지 말고 칭찬하라고 끊임없이 주문했다. 그렇게 하니 우리 학원의 모든 아이들이 진도를 맞추기 시작했다. 아이들은 놀랍도록 성장해 나갔다.

"오늘 일은 내일로 미루지 않는다."
"약속은 지킨다."
"나는 할 수 있는 아이다."

이 세 가지가 내가 아이들에게 준 최고의 교훈이었다.

'30, 50, 80 법칙'을
아시나요?

개원 후 우리 학원은 6개월간 고전을 면치 못했다. 학교 앞에도 매일 나가보고, 전단지도 매일 돌려보고, 주말에는 아파트 단지를 돌며 홍보도 해 봤지만 학원 상담은 한 달에 한두 건이 전부였고, 그 몇 번 없는 상담에서 등록으로 이어지는 경우도 드물었다. 한 명, 한 명 회원이 들어오긴 했지만 원생 수는 열몇 명을 넘지 못했다. 야심차게 주말에 전단지를 1,000장 돌리고 월요일을 맞았지만 걸려오는 전화한 통, 상담 예약 하나 없다면 기운이 빠질 수밖에 없다.

그리고 당시 내게는 개원 6개월이면 학원생이 몇 명 정도 있어야 잘되는 것인지에 대한 기준도 없었다. 그냥 나만 힘든가 싶다가도 원래 처음엔 그런 건가 하는 생각이 하루에도 몇 번씩 들었다. 퇴근길에 제자리걸음인 원생 수를 생각하면서 다시 다음 달 관리비와 급여 걱정을 하기 바빴다. 언제쯤 손익분기점을 넘을 수 있을까?

학원 경험이 없는 초보 원장이라면 개원 후 하루하루가 불안할 것이다. 어떤 학원은 개원하지마자 대박이 났다던데, 나는 왜 이럴까? 이러다 곧 문 닫는 건 아닐까 하는 불안이 날마다 다가온다. 주변의 걱정스러운 시선 또한 부담스럽다. 힘들었던 준비과정만큼이나 초반 버티기 기간도 원장에게는 넘어야 할 산이다. 학원생 수는 도대체 어떻게 해야 늘어나는 것일까? 그리고 숫자가 는다고 하더라도 계속 그럴 수 있는 걸까?

　이 모든 불안을 견딘 후 내가 깨달은 것은 원생 수는 나름의 법칙하에 증가한다는 것이다. 이름하여 '30, 50, 80의 법칙'으로, 내가 두 개의 학원을 오픈하면서 그리고 주변의 학원을 보며 느낀 원생 수 증가의 법칙이다. 이 법칙에 따라 각 단계별로 어떻게 대처하면 좋을지 소개한다.

30법칙 - 무조건 이 숫자를 넘겨야만 살아남을 수 있다!

말 그대로 개원 후 원생 수 30명을 달성하는 것을 말한다. 내가 30이라는 숫자를 중요하게 생각하는 이유는 이 숫자가 바로 학원을 생존할 수 있게 해주기 때문이다. 이 정도는 원생이 확보되어야 근처 학교에 학년별로 우리 학원에 다니는 아이가 생기고, 입소문을 기대할 수 있다. 그리고 학원 경영의 최소한의 비용인 교사 월급과 관리비를 낼 수 있는 숫자이기도 하다. 6개월 또는 1년 내에 이 숫자를 못 만든다면 학원 경영을 다시 고민해 봐야 한다. 이미 초기 입소문에 실패한 것이고, 학원 인지도도 없다는 소리이기 때문이다. 그리고 무엇보다도 그 이상 버틸 수 있는 여유자금도 없을 것이다.

첫 개원 후 소위 오픈빨로 원생이 많이 들어오는 경우가 아니라면 한 명, 한 명 원생 증가 속도는 아주 더딘 편이다. 입소문이 나는 데도 시간이 걸리기 때문에 무조건 홍보에 의존해야 한다. 30법칙에 도달하기 위해서는 첫째 학원 이름을 동네에 알려야 하고, 둘째 그 동네 학교에 학년별로 우리 학원을 다니는 아이가 있어야 한다.

우리 학원이 새로 생겼음을 알리는 홍보는 수단과 방법을 가리지 말고 적극적으로 해야 한다. 보통 처음 창업할 때 첫 번째 홍보 원칙은 '전단지가 발에 밟히도록 해야 한다'는 것이다. 아침에 아파트 문을 나서면 1층 게시판에 우리 학원 전단지가 있어야 하고, 아이 등굣길에 우리 학원 현수막이 보여야 한다. 아이가 학교에서 끝나고 돌아올 때 우리 학원 전단지가 손에 들려 있어야 하고, 엄마가 저녁에 마트를 갔다가 집으로 가는 길에 우리 학원 전단지를 받아봐야 한다. 나는 처음 개원하자마자 동네 아이들 신발주머니와 엄마들 장바구니가 모두 우리 학원 홍보물일 정도로 뛰어다녔다. '어머! 이런 영어학원이 생겼네'라는 생각이 들 정도로 말이다.

동네마다 주요한 홍보 수단을 알아보는 것도 중요하다. 아파트 단지 내 홍보는 보통 아파트 부녀회에서 관리하는 경우가 많은데, 일정 기간 돈을 내고 현수막과 게시물 홍보가 가능하다. 아파트 관리사무소를 방문해서 홍보방법을 알아보자. 그리고 학교 앞에서 경비아저씨가 노려보더라도 꿋꿋하게 날마다 나가서 아이들을 만나며 학원 이름으로 인사해야 한다. 삼성 같은 대기업도 홍보를 하는데 동네 작은 영어학원이 홍보 없이 이름을 알리기란 불가능하다.

이처럼 30법칙을 달성하기 위해서는 외부 홍보에 주력해야 한다. 여기서 한 가지 중요한 것은 한 명, 한 명 들어온 원생을 절대로 놓쳐선 안 된다는 것이다. 한 명이라도 탈락해 버리면 정말 밑 빠진 독에 물붓기격이다. 무엇보다 나쁜 소문이 돌지 않도록 조심해야 한다. 좋은 소문보다 나쁜 소문의 확산속도가 더 빠르기 때문이다. 10명 중 9명이 만족해도 1명의 원생이 불만족해 탈퇴하면 그 1명 때문에 학원 이미지가 나빠질 수도 있다. 앞서 얘기한 것처럼 30명이라는 원생 수는 그 동네 학교에서 학년별 원생이 생겼다는 의미다. 그런데 그 몇 명 중에 한두 명이 안 좋게 탈락하면 그 학년 전체에 나쁜 이미지를 줄 수도 있다.

이 시기에 원장은 오전 시간을 활용하여 적극적으로 동네에서 홍보하고, 학교 앞 홍보도 자주 나가야 한다. 빨리 학원이 안정되길 원한다면 매일 나가기를 권한다. 생존을 위한 홍보에는 '이 정도면 됐다'가 없다.

그리고 오후에는 그날 수업한 아이들의 상담콜을 자주 해야 한다. 이미 등록한 학부모에게 학원의 프로그램을 더 설명할 기회이기도 하고, 아이의 학습에 대한 믿음도 줄 수 있다. 아무리 잘 가르쳐도 학원의 원생 수가 적으면 학부모들은 끊임없이 의심한다. 과연 내가 잘 선택한 것일까? 하는 의심이 들 때 원장의 관리능력을 보여줘야 한다. 아이에게 이렇게 꼼꼼하게 신경 쓰고 있고, 우리 프로그램을 아이가 잘 따라가고 있다는 설명도 자세히 할 필요가 있다.

30법칙의 원생 수를 달성할 때까지는 웬만하면 한 명의 탈락생도 만들지 않는 게 좋다. 힘든 아이일수록 더 정성을 기울이고 아이들의 영어실력이 향상될 수 있도록 최선을 다하자. 초창기 30명의 아이들은 곧 우리 학원의 얼굴이다. 잘 키워서 학원이 성장할 수 있도록 시간과 노력을 아낌없이 투자해야 한다.

50법칙 - 학부모들을 만나야 할 시간, 내부 홍보에 집중하라

30법칙을 넘겨 50법칙에 접어들었다면 학원이 잘되고 있다는 의미다. 사실 30명이 넘으면 50명은 비교적 쉽게 도달할 수 있다. 초기 원생들에게 정성을 많이 들이면 학원에 충성도가 높은 학부모들이 생기고, 아이들도 친구 따라 학원에 오는 게 이 시기다. 원래 소개는 등록한 지 얼마 안 된 원생들에게서 생긴다. 한두 달 다니고 괜찮으면 친한 친구를 데려오기도 하고, 학부모들도 주변에 소개해주기 시작한다. 이때 원장은 계속 성장할 것인지, 현 상태를 유지할 것인지를 고민하게 된다. 당연히 성장 쪽으로 결정할 것 같지만 사실 소규모 학원에서는 쉽지 않은 결정이다.

우선 50명이 넘어가면 교사가 더 필요해진다. 초창기에는 최소한의 인원으로 원장까지 수업하며 어떻게든 버틸 수 있지만, 원생 수가 늘어나면 소수의 교사에게 맡기기 어렵다. 교사가 힘든 나머지 그만두고 싶어 할 수 있기 때문이다. 그러면 아이들은 정든 선생님과 헤어지기 싫어하고 학부모들도 교사가 자주 바뀌는 학원을 선호하지 않는다. 원장은 교사의 수를 늘려서 과도한 업무를 줄여주든지, 급여를 조정해 주어야 한다. 더 성장하는 쪽을 선택한다면 교사 문제를 해결하는 등 새로운 투자를 할 것인지 말 것인지를 결정해야 한다.

또한 원생 수가 늘어나면 새로운 원생에게 신경 쓰느라 기존 원생들에게 소홀해지기 쉽다. 그래서 이 시기에는 외부 홍보를 조금 줄이더라도 기존 원생들의 학습이 잘 이루어지고 있는지 중간 점검이 필요하다. 레벨별 테스트를 진행하는 것도 방법이다. 신규 학원생을 받을 때만 레벨 테스트를 하고 기존 아이들은 계속 진도만 나갔다면, 이 단계에서 다시 한번 레벨별 테스트를 해서 현재 교재가 적절한지, 수업의 수준을 잘 따라가고 있는지 확인하는 것이 좋다. 처음에는 성실하게 수업을 잘하던 아이도 친한 친구들이 많아져 집중력이 떨어진다면 다시 한번 수업을 점검해야 한다.

나는 이 시기에 학부모들을 되도록 많이 만나려고 노력했다. 학부모 간담회나 공개수업이라는 이름으로 기존 학부모들을 자주 만났다. 이러한 노력으로 학부모에게 학원에서 수업이 잘 이루어지고 있다는 확신을 주어 탈락을 막을 수 있었고, 공개수업에 만족한 학부모들이 새로운 학원생을 소개해주어 학원이 더욱 성장할 수 있었다.

학부모들은 원생 수가 적으면 '잘 못 가르쳐서 인기가 없는 걸까?' 하고 의심하고, 원생 수가 많아지면 '혹시라도 우리 아이에게 소홀하지는 않을까?'를 걱정한다. 이럴 때 토요일을 활용하여 공개수업을 열면 이런 불안감을 덜어줄 수 있다.

토요일 오전시간을 활용하여 5~10명 정도의 원생들과 약속을 잡는다(5~10명별로 진행하면 아이 50명의 공개수업을 모두 진행하는 데 총 한 달이 걸린다). 학부모에게 아이가 실제로 수업하는 과정을 그대로 보여주면,

아이들은 엄마나 아빠가 보고 있다는 생각에 수업에 더욱 열심히 참
여하고 학부모들은 학원의 프로그램과 시스템에 대한 믿음을 가질
수 있다.

우리 학원에서는 레벨이 낮은 아이와 높은 아이의 공개수업을 함
께 잡는다. 아직 저학년이거나 수업을 시작한 지 얼마 안 된 학부모
들은 영어를 잘하는 고학년 아이들을 보며 다음 레벨에 대해 안심한
다. 한 달 정도만 꾸준히 진행하면 공개수업을 희망하는 학부모들을
다 만날 수 있고, 원장이 직접 아이들의 수업을 관리하기 때문에 아
이의 영어실력을 확인할 수 있는 기회가 된다.

80법칙 - 꽤 잘나가게 되었지만, 자만하지 말고 시스템을 정비하라

30법칙에서 50법칙으로 넘어갈 때처럼 50명이 넘으면 80명은 금방
이다. 그러나 마냥 숫자가 쭉쭉 올라갈 것 같은 이 시기에 다시 한번
정체기가 온다. 100명이라는 숫자에 욕심을 내보지만 이때부터는 기
존의 홍보 방식으로는 한계가 있다.

"그 학원 원장이 진짜 좋더라."
"그 선생님 엄청 친절하고 착해."
"그 학원에 우리 초등학교 애들 많이 다닌다며?"

이런 입소문은 80법칙까지만 유효하다. 이때부터는 진짜 실력싸
움이다. 그냥 잘 가르치고 열심히 한다는 정도로는 100명으로 늘어

나지 않는다. 학교 영어 말하기 대회는 우리 학원생이 휩쓸어야 하고, 외부 대회나 특목고 입시 성적도 우수해야 한다.

이때부터는 외부 홍보가 아니라 아이들 수업에 집중해야 한다. 동네 학원 특성상 80명 이상의 숫자는 초등학생만으로는 채울 수 없다. 이때부터 중학생 원생이 생긴다. 우리 학원도 초등학생 원생이 자라 중학생이 되었고, 이들을 따라 다른 중학생들이 왔다. 중학생 원생들을 유지하려면 적어도 내신 평균 90점 정도에 전교 1, 2등 하는 아이들이 있어야 한다. 교사는 카리스마와 인기를 동시에 가지고 있어야 하고, 원장은 전문성을 갖춰야 하는 시기다. 특목고 입시, 내신 전략, 영어 자격시험까지 영어에 대해서는 전문가라는 이미지가 있어야 동네에 원생이 100명 이상인 어학원이 될 수 있다. 내가 이 시기에 100클럽 학원이 되기 위해 했던 세 가지 행동이 있다.

첫째, 유명 학원들의 입시설명회와 영어 교육설명회에 열심히 참석했다. 원장이 정보에 밝아야 하고 끊임없이 공부해야 한다. 그리고 우리 학원 아이들에게 더 많은 기회를 줄 수 있어야 한다. 학원 원장들은 오전 시간이 자유롭다. 물론 늦게까지 수업을 해야 하므로 오전에 좀 쉬고 싶기도 하지만, 이 시간에 공부하지 않으면 더 성장할 수 있는 기회를 놓친다. 그냥 동네에서 착한 영어학원 원장으로 남을 것인지, 전문가로 한 단계 더 성장할 것인지 선택해야 한다. 나는 대형학원이나 스타강사가 있는 학원들의 강의를 많이 들으러 다녔다. 학부모를 상대로 한 설명회도 마찬가지다. 교육에 관심 있는 학부모라면 그런 곳에 많이 다닐 것이므로 원장이 먼저 정보를 취득해야 한다.

둘째, 특목고에 학원 아이들을 데리고 갔다. 민사고, 용인외고 등 특목고에서는 학교 탐방 프로그램을 운영한다. 나는 어린 초등학생 아이들을 45인승 버스에 태우고 무작정 특목고 탐방을 갔다. 그중에 단 한 명이라도 특목고에 갔으면 좋겠다는 생각에서였다. 특목고는 생각도 안 했던 아이들에게 그런 학교가 있다는 것을 알려주고 그 학교 강당에 앉아 있어 볼 기회를 주었다. 초등학교 4학년 때 그 버스에 탔던 아이가 자사고를 가고 카이스트에 갔다. 민사고에 가서 한복을 입은 형을 보고 멋지다며 외고에 간 아이도 있다. 나는 지금도 학부모들에게 이야기한다. 아이가 특목고에 갔으면 좋겠다고 얘기하지 말고, 그 학교 운동장이라도 밟아보게 하라고. 아이들이 직접 눈으로 본 뒤 꾸는 꿈은 이루어질 확률이 높기 때문이다.

셋째, 영어원서 읽기를 시작했다. 프랜차이즈 학원이라 학원 자체 교재가 있었지만 아이들에게 조금 더 다른 기회를 주고 싶었다. 그래서 학원 교재가 아닌 영어원서를 읽게 했다. 보통은 미국 초등 저학년 단계의 그림이 있고 글이 몇 줄 있는 영어원서를 읽는데, 이렇게만 하면 어느 순간 영어원서 레벨이 올라가지 않는다. 그래서 책을 잘 선택해야 한다. 문법 실력과 독해 실력을 어느 정도 갖춘 아이들에게 그림이 있는 영어원서는 재미없고, 너무 어려운 원서는 공부로 느껴지기 때문이다.

내가 선택한 교재는 고전 원서 읽기였다. 《톰소여의 모험》, 《어린 왕자》, 《키다리 아저씨》 등 중학교 교과서 수준의 이야기를 아이들에게 읽혔다. 내신 대비, 수능 대비가 아닌 진정한 책읽기를 시작한 것이다. 처음에는 한두 명의 아이들이 방학 특강으로 시작했지만, 이제는 열 명 정도가 방학 때마다 원서를 읽는다. 학원을 졸업하며 어린 시절 우리 학원에서 읽었던 원서가 평생 기억에 남는 책이 되길 바란다.

이 세 가지 방법으로 우리 학원은 동네에서 영어를 잘 가르치는 학원으로 소문이 나기 시작했고 100법칙을 넘겨 140명까지 원생 수가 늘었다. 학원에 자리가 부족해서 기다리는 아이들이 생겼고, 교실이 꽉 차는 시간대에는 자리에 앉을 시간도 없이 숨 가쁘게 돌아갔다. 엘리베이터에서 내리면 아이들이 영어를 읽는 소리가 들릴 정도였다.

30, 50, 80법칙은 각 단계를 넘길 때마다 생기는 고비를 넘기 위해 내가 고안해낸 법칙이다. 매 고비를 넘기는 일이 쉽지만은 않다. 그러나 항상 성장을 선택했으면 한다. 이 정도면 됐다고 안주하는 순간, 유지가 아닌 하향 곡선을 그리게 되는 것이 학원 운영이기 때문이다. 학원을 오픈했으면 100명은 꼭 달성해 보자. 동네에서 제일 잘 가르치는 학원이 되고, 우리 학원 아이들이 더 큰 꿈을 꿀 수 있게 함께 성장해 보는 거다.

잦은 결석을 방지하는
특급 비법
- -

"선생님, 우리 애가 이번에 현장학습을 가서 오늘 하루만 쉬고 싶대
요. 다음 날 보낼게요."

"아, 그렇군요. 소민이에게 잘 다녀오라고 얘기해 주세요. 그리고 저
한테 꼭 전화해달라고 전해 주세요."

"네, 현장학습 끝나고 나서 전화드리라고 할게요."

아침에 소민이(가명) 학부모로부터 전화가 왔다. 아이가 현장학습
이 있어 하루 쉬겠다는 연락인데, 학부모의 충분한 설명을 들었음에
도 불구하고 아이가 직접 전화하게 해달라고 부탁을 드렸다.

"선생님, 아침에 엄마한테 말씀 들으셨죠? 저 오늘 하루 쉬려고요."

"그렇구나. 혹시 피곤해서 그러니?"

"아뇨. 그냥 쉬고 싶어서요."

"그렇구나. 그럼 조금 이따가 잠깐 학원에 들를래? 오늘은 수업을 하긴 어렵다고 했으니까 잠깐 얼굴만 보자. 선생님이 오늘 행사준비로 쿠키 샀는데 우리 소민이 주고 싶거든."

"그래요? …그럼 이따 잠깐 들를게요."

아이가 학원을 정해진 날짜에 빠짐없이 다니는 건 생각보다 쉬운 일이 아니다. 몸이 아플 수도 있고, 집이나 학교에서 중요한 행사가 있을 때도 있다. 친구 생일 파티도 가고, 친한 친구와 중요한 약속이 있을 수도 있다. 다양한 상황이 닥칠 수 있음을 알고 있고, 아이들의 마음도 공감한다. 그럼에도 불구하고 나는 몸이 아프거나 중요한 행사와 같은 불가피한 경우를 제외하면 학원에 꼭 오도록 권한다. 공부는 하지 않고 가더라도 단 10분, 20분이라도 얼굴도장을 찍는 게 원칙이다. 물론 강제가 아니라 아이가 부담 갖지 않고 올 수 있는 방법으로 말이다.

그리고 결석콜은 아이가 직접 하도록 권한다. 엄마를 통해 건너서 듣는 것보다 아이에게 직접 결석 사유를 들으면 아이의 마음을 좀 더 정확히 알아낼 수 있기 때문이다. 또한 아이 입장에서도 엄마 뒤에 숨지 않고 직접 이유를 설명함으로써 그것이 타당한지 스스로 생각해볼 기회가 된다.

얼굴 도장과 직접 전화, 이 두 가지가 결석을 다루는 나의 가장 중요한 대원칙이다.

결석자 관리는 아이 성적 & 학원 운영 차원에서 중요하다

내가 결석하는 학생을 특별히 신경을 쓰며 관리하는 이유는 네 가지다. 첫째, 성적 차원에서다. 일정시간을 할애해 꾸준히 공부해야 성적이 오르고 실력을 키울 수 있다는 건 당연한 상식이다. 둘째, 공부습관이 중요하기 때문이다. 자신의 일과를 규칙적으로 수행하는 습관을 잡아주어야 좋은 성적은 물론이고, 매사에 책임감 있는 태도를 기대할 수 있다. 셋째, 다른 아이들에게 영향을 미치지 않게 하기 위해서다. 자꾸 결석하는 아이가 있으면 다른 아이들의 면학 분위기도 흐트러지기 쉽다. 아이들은 작은 일에도 억울해하고 속상해한다. 나도 놀고 싶은 걸 참고 학원에 왔는데, 친구가 빠지고 놀러 가버리면 나도 한 번쯤 빠지고 싶어지게 마련이다.

마지막으로 학원 운영 차원에서다. 자주 결석하는 아이는 결국 학원을 안 다니게 될 가능성이 높다. 학원을 그만두는 아이가 생기면 또래 친구들도 영향을 받게 되고 잇따른 원생 탈락으로 이어질 수 있다. 그래서 학원 원장이 결석생만 잘 관리해도 원생 탈락을 어느 정도 방지할 수 있다.

하루 빠지는 게 뭐 대단한 일이라고 그러느냐는 사람들도 있을 수 있다. 하지만 매일매일 성실하게 수업하는 아이는 실력도 늘지만 어느 날 갑자기 학원을 그만두지 않는다. 결석자 관리는 아이 실력 차원과 학원 운영 차원에서 모두 중요하다.

"소민아, 어서 와. 아까 친구들은 현장학습 끝나고 학원에 와서 수업하고 갔거든. 그래서 지금 소민이 학년 친구들이 없어서 심심하겠다."

"네, 그러네요."

"우리 소민이가 학원에 못 올 정도로 오늘 많이 피곤했나 보구나."

"선생님, 사실은 아침부터 컨디션이 별로였어요. 그런데다 현장학습 가서 엄청 많이 걸었거든요. 힘들어서 학원 오기가 싫었어요."

"그렇구나. 많이 힘들었겠다. 난 오늘 이렇게 소민이 얼굴 본 것만으로도 반가워. 쿠키 갖고 가서 집에서 먹으면서 편히 쉬어. 피로가 좀 풀리면 오늘 진도 나가기로 했던 부분을 한 번만 읽어보고."

"네, 그럴게요."

"오늘 빠진 수업은 이번 주 안에 보충했으면 하는데 네 생각은 어때?"

"그렇게 할게요."

결석하는 아이와 대화를 나눌 때 주의할 점은 질책하는 방식으로 하면 안 된다는 것이다. 아이가 부담을 갖지 않도록 감정에 공감하면서 수업을 보충할 수 있도록 이끌어야 한다. 아이가 잘못한 점이 있어도 면박을 주지 말고 '팩트'를 짚어주는 방식이 좋다.

"정민아, 어제 왜 학원에 못 왔어?"

"친구랑 놀다가 깜빡했어요."

"그렇구나. 친구랑 잘 노니까 참 좋네. 근데 선생님은 우리 정민이 한참 기다렸거든. 정민이가 선생님을 잊어버렸다는 생각에 속상했어."

"깜박했어요. 죄송해요."

내가 이런 대화를 나누는 것은 단지 그날 하루의 결석 때문이 아니다. 한 번의 결석을 대수롭지 않게 생각하면 두 번, 세 번으로 이어지기 쉽다. 오늘 나와 대화를 나눈 정민이는 다음에 친구와 놀 때 수업을 깜빡하지 않으려고 신경 쓸 것이다. 그렇기 때문에 나는 한 번이라도 결석하는 모든 아이들과 대화를 나눈다. 학원은 성적을 올리고 실력을 키우기 위한 곳인 만큼 원하는 결과를 내기 위해서는 매일매일의 힘을 무시할 수 없다.

아이가 결석하면 빠진 수업을 보충해야 한다. 우리 학원뿐 아니라 모든 학원이 빠진 수업에 대해서는 보충하는 게 원칙이다. 하지만 자꾸 결석하는 아이들은 본 수업 일정이 지켜지지 않다보니 보충도 놓치는 경우가 많고, 그러다 보면 다른 아이들에 비해 진도가 눈에 띄게 느려질 수밖에 없다. 때문에 정해진 진도 안에서 보충수업 일정을 삽입하여 진도가 느려지는 것을 방지해야 한다. 보충수업을 해야 아이의 수업 빠지는 습관도 고칠 수 있다.

"다음부턴 선생님과의 수업시간을 잊지 않았으면 좋겠어. 하고 싶은 게 많겠지만, 꼭 해야 하는 일을 먼저 하고 나서 해야 해. 알겠지? 그럼 빠진 수업을 언제 보충하는 게 좋을까?"
"선생님, 제가 오늘은 수행평가 숙제를 해야 해서요. 오늘 말고 목요일에 보충하고 싶어요."

보충수업 시간을 정할 땐 아이가 주도적으로 정하게 한다. 자신이 직접 한 약속이라 지키려고 더욱 노력하게 되기 때문이다.

아이가 '매일의 노력'을 다하도록 환경 조성하기

"민율이, 민규, 상현, 지연이, 은정이는 이번 주에 원장실에서 나와 수업할 거야."

"왜요?"

"지난달에 결석이 두 번 이상이니까. 우리 일주일 동안 결석 한 번도 안 하는 걸 목표로 수업해 보자."

지속적으로 결석하는 5~6명의 아이들을 모아서 원장실에서 일주일 동안 수업을 진행했다. 그리고 이 과정을 매일 학부모와 통화하며 공유했다.

"이번 주에 수업 시간이 길어져서 걱정하셨죠? 말씀드렸던 대로 결석했던 회차를 보충하느라 그랬어요. 아이에게는 피치 못할 사정이 아니면 학원에 빠지지 말라고 말해두었어요. 우리 민규는 지금 배우고 있는 진도를 별로 어려워하지 않아요. 사실 잘하는 편이에요. 공부습관을 조금만 잡아주면 더 잘할 수 있을 거예요. 혹시 아이가 많이 부담스럽다고 하면 저한테 알려주세요."

이렇게 일주일만 원장과 수업하면 당분간 결석생 명단에 이름이 올라오지 않는다. 아이들 입장에서는 '특별수업'을 받기보다는 친구들과 함께 평상시처럼 수업을 하고 싶기 때문에 원장실에서 수업하는 것만으로도 결석을 방지하는 효과가 있다.

선생님들이 난감해하는 결석이 있는데 앞서 얘기했듯이 부모님이 허락한 결석이다. 엄마가 결석해도 된다고 했고 보충하지 않아도 된다고 했는데 선생님이 보충수업을 하려고 하면 문제가 생긴다. 이런 경우 원장이 수업 방식을 설명하고, 수업이 진행되는 과정도 알려드리면 부모님도 이해해 주신다. 원칙 있는 학원이라고 인정하는 분들도 있다.

"요즘 제가 바빠서 아이를 잘 못 챙기다 보니 아이가 아빠한테 학원 빠지겠다고 자꾸 조르나 봐요. 아빠가 아이 말을 다 받아줘서 그런 것 같아요. 앞으로는 아빠 따로, 엄마 따로가 아니라 일관적 태도를 보여줘야겠어요."

아이들 교육에서 학부모와의 소통은 매우 중요하다. 부모가 보는 아이와 학원 교사가 보는 아이는 다르다. 학원 교사는 학부모와의 소통을 통해 아이의 성격과 학습태도를 파악하고 학부모의 협조가 필요한 부분을 파악해 요청해야 한다.

잦은 결석을 방지하는 여섯 가지 방법

1. (피치 못할 사정이 아닌 경우) 10분, 20분이라도 와서 얼굴도장 찍기

2. 결석콜은 학생이 직접 하게 하기

3. 아이와 대화할 때 문제점을 짚어주되, 아이를 무안하게 하지 않기

4. 빠진 수업은 빠른 시일 내에 반드시 보충하기

5. 결석을 반복하는 아이들을 원장이 따로 모아 가르치기

6. 학부모와 지속적으로 피드백하기

나는 매일 선생님들에게 결석 명단을 받는다. 100명의 아이들 중에 결석하는 아이는 1~2명이다. 그리고 신기하게도 이름이 거의 똑같다. 빠지는 아이가 계속 빠진다. 그리고 그 사실을 그 아이 부모님만 모른다.

나는 매일매일의 노력을 믿는다. 매일 하는 것만큼 좋은 게 없고, 매일 하면 힘들지 않게 실력을 쌓을 수 있다. 학원에 결석하는 아이가 있다면 아이와 매일매일 약속해보는 게 좋다. 그리고 학부모와도 계속 피드백을 주고받아야 한다. 이러한 노력이 쌓이면 아이가 스스로 결석하지 않는 날이 올 것이다. '결석해도 되지 않을까?'라는 생각이 아닌 '결석하면 안 되는구나' 하고 생각할 수 있게 도와주고 기다려주자.

학부모에게 두 발짝 다가서는
상담 요령

나는 우리 학원 학부모들과 연말에 개인 면담 시간을 갖는다. 12월 마지막 3주 정도를 상담주간으로 잡고 학부모님들에게 안내문을 보내서 30분 간격으로 한 분씩 예약을 받아 진행한다. 학부모가 편한 시간대를 2~3개 정도 받아서 다른 학부모와 겹치지 않도록 정하면 된다.

연말 학부모 상담 준비

1. 일 년간 아이의 학습 이력을 정리하고, 다음 해의 교재 진행 계획표를 만든다.

2. 아이의 학습 동영상을 촬영해서 준비한다.

3. 상담 희망 시간을 표시할 수 있는 안내장을 집으로 발송한다.

4. 시간대별로 상담 스케줄을 짜서 상담 시간 문자를 보낸다.

5. 아이에게 별도로 상담 설문지를 받는다(장래 희망, 학원에서 힘들었던 점, 엄마에게 하고 싶은 말 등).

6. 따뜻한 차와 다과를 준비한다.

이렇게 상담 준비를 마친 뒤 원장실에 상담 스케줄을 붙여놓는다.

"민성이가 1년 동안 우리 학원 진도를 이렇게 나갔어요. 내년도 진도는 3단계까지 진행할 수 있을 것 같고, 이제 300~400단어 정도의 스토리 수업이 들어갑니다."

미리 준비해둔 아이의 개별적인 진도상황과 교재 커리큘럼을 보여드리고 그동안 학부모가 궁금해했던 이야기를 듣는다. 원래 내년도 영어학습 계획을 상담하는 게 목적이지만, 사실 만나면 그 외의 얘기를 더 많이 듣는다.

"그동안 아이가 우리 학원에 다니면서 힘든 점은 없었나요?"

일대일 상담이기 때문에 공부보다는 아이에 대한 이야기를 많이 나누게 된다. 그때마다 참 많이 배운다. 평소 이해하기 어려웠던 아이와 학부모에 대해 이해할 수 있는 시간이 된다. 예를 들면 아이에게 유난히 신경을 쓰는 몇 가정이 있었다. 지나치리만치 아이의 행동과 감정에 예민하게 반응해서 의아했는데, 알고 보니 아이가 어릴 때 큰 병을 앓았거나 틱증상을 겪은 경우도 있었다.

정말 내가 보는 게 다가 아니었다. 집집마다 사연 없는 집은 없겠지만 아이들의 속사정은 나를 반성하게 했다. 그 짧은 시간 동안 눈시울을 붉히는 엄마들을 보며, 그 시간 이후 아이에게 더 신경을 써주고 잘해줘야겠다고 다짐했다. 내가 배우고 싶고 닮고 싶은 부모들이 많았고, 이렇게 좋은 분들을 많이 만난 것이 참 감사했다.

학습 관리뿐 아니라 아이와 학부모의 마음을 읽어야 한다

'잘만 가르치면 되지!'라고 생각할 때가 있었다. 아이가 힘들어해도 학습결과를 내서 학부모의 성적 욕심을 만족시켜야 한다고 생각했다. 일정 부분은 맞는 이야기다. 학원은 매달 원비를 받는 곳이고, 그 대가로 아이의 학습 성취도를 높여준다. 맛있는 것도 많이 주고, 선생님이 친절하고, 아이가 학원을 좋아한다는 이유만으로 학원을 계속 보내는 학부모는 없다. 그래서 많은 영어학원들이 경시대회, 특목고 입시성적, 중학교 내신 점수에 집중한다. 요즘같이 초등학교에서 중학교 1학년까지 학교 지필시험이 없는 경우에는 더 그렇다.

그러다 보니 학부모 입장에서는 내 아이의 영어실력을 확인할 길이 없고, 학원 입장에서는 어떻게든 점수화해서 학부모에게 향상된 영어실력을 보여주려고 한다. 초등학교 때부터 믿고 맡겼는데 중학교 첫 시험에서 결과가 좋지 않으면 1~2문제 차이에도 학원을 곧장 그만두기도 한다. 그런데 사춘기를 겪는 중학교 1~2학년 아이들을 학습으로만 밀어붙이기는 쉽지 않다.

또한 초등학교 때 학원과 잘 소통하던 학부모들도 아이가 중학생이 되면 학원에서 알아서 해줬으면 하고 바란다. 집에서도 컨트롤하기 어렵기 때문이다. 집에서 문을 쾅 닫고 들어가 버리는데 아이가 숙제를 안 했다는 학원의 전화를 받으면 어떨까? 아이와 싸우기도 지치는데 숙제 하나 관리 못하는 학원이 원망스러울 때도 있을 것이다. 학원에서 아무리 잘 가르쳐도 아이들이 힘들어하거나 학습에 흥미를 보이지 않으면 소용이 없다. 아무리 스타강사가 와도 모든 아이들이 다 잘하기는 불가능하다.

그래서 학원은 늘 아이와 학부모의 마음에 두 발짝 더 다가서는 노력을 기울여야 한다. 학생들이 1~2년 다니고 그만둬도 상관없는 게 아니라면 말이다. 보통 초등학교 때 아이들을 만나면 5~6년 정도 함께한다. 그 정도면 1년에 한 번씩 담임선생님이 바뀌는 학교보다 아이와 더 오래 함께한다고 볼 수 있다. 아이 그리고 학부모와 지속적으로 소통하여 이런 장점을 최대한 살려보자.

잔소리 No! 약속으로 실행하기

부모의 한결같은 잔소리는 "공부해라!"다. 잔소리는 사실 큰 효과가 없다. 그런데 그 잔소리를 학원에서 아이가 똑같이 듣는다면 어떨까? 학원 선생님들은 결코 부모 같은 잔소리꾼이 되어서는 안 된다. 아이와 약속을 정하고, 그 약속이 지켜지지 않았을 때만 훈계하는 게 좋다.

"너 왜 또 준비물 안 챙겨 왔어? 몇 번째야?"
"숙제를 또 안 했어? 엄마한테 전화한다!"

"글씨가 이게 뭐야? 예쁘게 좀 써!"

이런 말들은 아이들 입장에서는 집에서 엄마에게 듣는 잔소리와 다를 것이 없다. 아이에게 좋은 습관을 잡아주는 방법은 기록이다. 눈에 보이는 기록을 보면 변명하기 힘들다.

"이어폰이 준비가 안 됐네. 잃어버린 거니? 언제까지 준비할 수 있을까? 이번 주 금요일까지 할 수 있겠니?"라고 얘기하고 출석부에 기록한다. 그리고 그 기록을 아이에게 확인시킨다. 숙제를 안 했다면 그 이유를 묻고 어떻게 보충할 것인지 상의해서 결정한 다음에 기록한다.

"주말에 가족여행 다녀오느라 숙제를 못했구나. 오늘은 학원에서 숙제를 마무리하고 가는 게 어떨까?"

아이 입장에서 혼나면서 기분 나쁘게 약속하는 것과 도움을 받으며 약속하는 것은 다르다. 자신이 말한 바가 기록되면 아이도 책임감이 생겨 약속을 지키려고 노력하게 된다.

학부모들이 아이를 학원에 맡기는 이유는 시스템과 프로그램을 믿기 때문이다. 부모가 봐줄 수도 있지만 사실 집에서는 체계화된 시스템을 만들기가 쉽지 않다. 학원에서는 시스템과 매뉴얼을 갖춰 놓아야 하고 규칙적인 학습으로 아이들이 변하는 모습이 보여야 한다.

"이 학원에 보냈더니 우리 아이가 한글은 예쁘게 안 써도 영어만큼은 글씨가 참 예뻐요."
"저번 학원에서는 숙제 때문에 애가 늦게까지 힘들었는데 여기서는 숙제를 금방 해놓고 놀아서 좋아요."
"우리 애가 보충해야 한다고 학원은 빠지면 안 된대요."

이렇게 학부모들이 이야기할 정도면 어느 정도 학원을 믿고 보낸다는 뜻이다. 학원은 아이들의 습관을 잘 잡아주는 곳이고, 조금씩 바뀌는 아이의 모습으로 학습성과를 보여줘야 한다. 달라진 아이의 모습을 보여주면 학부모가 우리 학원으로 두 발짝 더 다가선다.

학원에 무관심한 학부모의 주의를 환기하는 방법

많은 부모들이 가계경제에 버겁더라도 아이만 열심히 해줬으면 하는 마음으로 아이를 학원에 보낸다. 그런데 정작 학원에서 무슨 일이 일어나고 있는지에는 별 관심이 없다. 단순히 브랜드를 보고 학원을 선택하거나 공부 잘하는 아이가 많은 학원을 찾는다. 시험결과나 레벨평가에는 관심이 있지만, 매일매일 학원의 일상에는 큰 관심을 보이지 않는다. 어쩌다 아이가 "엄마 힘들어. 이제 끊고 싶어" 하면 "그래?" 하며 관심을 보이지만 그때뿐이다. 학원을 옮겨도 처음에 잠깐 관심을 가졌다가 다시 평소대로 돌아간다.

"학원에서는 맨날 잘한다 그래요. 근데 진짜 잘해요?"

가끔 학부모들이 묻는 말이다. 아이 교재 과정에 대해 설명해도 그냥 그 교재가 그 교재라고 생각하는 학부모들도 많다.

"원장님만 믿어요. 잘 해주시겠죠."

"어머님, 저 너무 믿지 마세요. 자꾸 확인하셔야죠."

내가 학부모들과 통화할 때 자주 하는 말이다. 정말이다. 자꾸 확인해야 한다. 나는 아이를 학원에 맡긴다면 최소한 그 학원의 행사는 다 참석하라고 권하고 싶다. 우리 아이가 매일 가는 학원이다. 부모가 한 달에 한 번은 학원 소식을 들어야 하지 않을까? 학부모들은 학원에서 필요한 교육정보를 얻고, 학원은 학부모들과 아이의 영어교육에 관한 정보를 공유하려면 정기적인 교육설명회가 반드시 필요하다.

부모의 관심을 상기시키는 학부모 교육설명회

많은 어학원이나 영어학원이 정기적으로 교육소식을 공유하는 모임을 갖는다. 그때마다 고민인 것은 학부모 집객이다. 오시라고 문자를 보내고 전화를 해도 대부분 바쁘다는 이유로 참석을 미룬다. 대학교 입시설명회라면 자리가 부족할 정도로 관심을 갖지만, 거기까지 가는 과정에는 무심한 학부모들이 의외로 많다. 학교 성적 잘 나오고 아이가 딱히 싫다는 소리만 안 하면 처음 학원을 알아볼 때의 열정은 온데간데없고 그냥 학원을 믿고 보낸다. 그리고 옆집 엄마와 아이 영어에 대해 고민하다가 다시 흔들리는 것을 되풀이한다. 학교 정보는 담임선생님과 소통하는 것이 가장 정확하듯, 학원 정보는 원장과 소통하는 것이 좋다.

"영어 교과서가 디지털 교과서로 바뀌었어요."

"수행에서 말하기, 쓰기 시험이 이렇게 나와요."

"요즘 유행하는 영어공부법이 있어요. 우리 학원 시스템과 비교해 볼 게요."

원장들은 교육정보에 관심이 많다. 우리 학원 아이들을 가르치며 당연히 알아야 하는 정보들이기 때문이다. 그런 정보들을 학부모와 공유하면 학원에 대한 신뢰도가 높아지고 학부모도 아이 교육에 일관성을 가질 수 있게 된다.

밴드에 수업 동영상 공유하기

아이의 수업과정을 공개하는 데는 장점과 단점이 있다. 아이의 학습 과정을 궁금해하는 학부모는 호기심을 충족할 수 있어서 좋아하지만, 다른 아이와 비교될까 봐 싫어하는 학부모들도 있다. 그래서 우리 학원에서는 원생들만 가입할 수 있는 밴드를 만들어서 수업 동영상을 공유한다.

수업 점검 과정이나 아이 발표 연습 동영상을 올리면 저절로 아이들 학습 이력 관리가 된다. 3년 전 동영상에서는 파닉스를 배우던 아이가 최신 동영상에서는 어느덧 유창하게 스토리를 발표하는 모습으로 변해 있는 것이다. 특히 일하는 학부모들은 아이들의 학습 과정을 볼 기회가 많이 없기 때문에 밴드에 올라오는 아이의 모습을 보며 학습이 잘 진행되고 있는지 확인한다. 한 달에 한 번 정도 아이들의 학습 모습을 올리는 것이 좋다.

학원 소식지도 마찬가지다. '우리 학원에서 이런 일이 있어요'라고 매달 정성껏 소식지를 만들어 보내도 아이들 가방 속에서 잠잘 때가 많은 것이 사실이다. 학부모 손에 전달 자체가 안 되는 것이다. 그래서 소식지를 만들고 아이들에게 보내는 한편으로 밴드에도 같은 내용을 올린다. 중요한 정보는 밴드에 올리고 학부모들 휴대폰에 꼭 확인하시라고 당부하는 문자 메시지를 보내기도 한다.

어떤 학원이
좋은 학원일까?

먼저 밝혀둘 것은 여기서 사교육이 좋고 나쁘고를 얘기하려는 게 아니라는 것이다. 어차피 많은 아이들이 학원에 다닌다. 그리고 다른 건 몰라도 영어만큼은 학원이 필요하다고 느낀다. 그래서 웬만하면 영어학원은 다 보낸다.

"25만원인가요? 30만원? 다른 데보다 좀 비싸네요."
"형제할인은 있나요? 소개로 왔는데 할인해 주는 거 없어요?"

많은 부모들이 학원을 선택하고 나서 학원비만 계산한다. 내 아이의 영어를 맡기는데 학원비만 생각하면 안 된다. 내 아이의 소중한 시간도 계산해야 한다. 3~5년을 투자했는데 결과가 좋지 않거나 효과가 없다면 엄청난 손실이기 때문이다.

보험 일을 할 당시 난 겁이 많았다. 사람들은 나에게 20만원짜리 보험을 가입하지만, 사실 20만원이 아니다. 보통 10년납 혹은 20년납이니 2,400만원짜리 아니면 4,800만원짜리라는 소리다. 그런데 많은 사람들이 20만원만 생각한다. 그래서 쉽게 결정하고 쉽게 깨버린다. 수백만원이 아무 혜택도 못 받고 순식간에 그냥 사라진다. 게다가 보험은 무형상품이다. 내 안내로 2,000만원짜리 암보험에 가입했는데 정말 암에 걸렸다면? 보험 설계에 따라 보장금액은 천차만별로 달라진다. 이런 것이 부담스러워서 건강보험을 잘 못 팔았다. 소심해도 그렇게 소심할 수가 없었다.

학원을 하면서도 내가 무서워하는 건 하나다. 한 아이가 5년간 우리 학원에 다녔는데 혹시 다른 학원에 5년 다녔다면 실력이 지금보다 더 좋지 않을까? 그래서 그 학생이 날 원망하면 어쩌지? 보험은 성인이 결정하고 책임도 성인이 지지만, 학원은 앞날이 창창한 아이들이 대상이라 더 무섭다. 이 아이가 장차 어떤 훌륭한 사람이 될지 아무도 모르지 않는가? 내가 아이에게 학원비는 물론 시간까지 빼앗고 있었다면 그 보상을 어떻게 할 수 있을까? 학원비, 알고 보면 엄청나게 큰 투자다! 그런데 정작 부모들은 그에 관한 고민을 안 한다. 25만원, 30만원 학원비만 고민한다. 사실은 1,000만원, 2,000만원 투자라는 측면에서 바라보아야 한다. 투자 대비 효과가 없다면 가족끼리 행복한 추억을 쌓을 수 있는 해외여행 몇 번 더 가는 게 수익률이 좋을 수도 있다. 어떻게 하면 '투자 대비 수익이 좋은' 학원을 고를 수 있을까?

좋은 학원은 학습량을 채운다

학습량을 채우는 것은 좋은 학원의 절대 조건이라고 할 수 있다. 제2차 세계대전 당시 군인들에게 집중적으로 외국어를 훈련시킨 방법이 있었다. 6개월간 하루에 10시간씩 투자한 것이다. 약 2,000시간 정도 듣고 말하기를 훈련하니 의사소통에 문제가 없었다고 한다. 미드만 봤더니 어느 순간 영어가 들렸다는 사람도 있고, 영화 한 편을 외워 봤더니 영어가 들리기 시작했다는 사람도 있다. 문제는 외국어에 노출되는 시간이다. 학원에서 매일 1시간씩 1년을 공부하면 주말을 빼고라도 약 240시간 정도의 학습량이 채워진다. 그렇게 해도 2,000시간을 채우려면 10년이 걸린다.

우리가 학교 다닐 때를 생각해 보자. 50분 동안 온전히 집중해서 수업을 듣고 이해했던가? 절대 쉬운 일이 아니다. 그래서 많은 학원들은 이 학습량을 채우기 위해 숙제를 많이 내주기도 하고, 많은 단어를 암기해서 테스트하기도 한다. 영어는 연습한 시간에 비례해서 실력이 향상된다.

우리 아이가 학습량을 잘 채우고 있는지 확인하는 방법은 아이가 다니는 학원의 교재를 펴고 아이에게 읽어보라고 하는 것이다. 아이가 그 교재를 몇 달째 공부하고 있는지도 확인해 보자. 좋은 학원은 학생마다 하루 학습량을 정해서 지키도록 체크해준다.

좋은 학원은 아이에게 자신감을 준다

"넌 영어가 좋니?"

내가 신규 상담을 할 때 아이에게 처음으로 하는 질문이다. 레벨이 별로 높지 않은데도 밝은 표정으로 "예!" 하고 대답하는 아이가 있는 반면, 또래보다 높은 레벨인데도 "아뇨" 하고 기어들어가는 목소리로 대답하는 아이도 있다. 나는 무조건 "예"라고 대답하는 아이가 영어를 잘할 가능성이 높다고 생각한다. 영어에 흥미를 느끼고 발음에 자신 있는 아이는 그걸 드러낼 줄 안다.

그런데 많은 아이들이 어릴 때는 영어를 쉽고 재밌게 느끼다가 레벨이 올라갈수록 재미없고 어렵다고 한다. 특히 또래보다 잘한다는 소리를 듣는 아이는 학원에서 이미 레벨이 많이 올라간 터라 어려운 어휘, 어려운 독해를 하면서 자신감이 떨어진다. 그래서 나는 아이가 못 읽는 단어는 외우게 하지 않는다. 외워서 쓸 데가 없기 때문이다. 제대로 발음을 못 하니 말할 일이 있을 리가 없다.

좋은 영어학원은 아이들이 발음에 자신감을 갖게 이끌어주고, 큰 소리로 영어 문장을 말할 수 있게 해주는 곳이다. 아이가 영어를 발음했을 때 원어민이 알아들을 수 있어야 한다. 학원을 방문하는 학부모 입장에서도 조용한 분위기보다는 아이들이 영어 훈련하는 소리가 활발하게 들리는 학원이 더 믿음직스럽다는 점을 기억하자.

좋은 학원은 모든 아이들에게 기회를 준다

어느 학원이나 대표 선수가 있다. 동네에서도 유명한 공부 잘하는 아이가 다니는 학원은 인기가 좋다. 대회를 나가도 그 아이가 나가고, 상을 받아 와도 그 아이가 받아온다.

하지만 잘하는 아이들만 부각시키는 학원은 모든 학부모를 만족시킬 수 없다. 주인공은 한 명이고 다른 아이들을 모두 들러리로 세워서야 좋은 학원이라고 할 수 있을까? 나는 외부 대회나 행사가 있을 때면 학원 내에서 무조건 예선을 거쳐서 모든 아이들에게 똑같이 기회를 준다. 경시대회에도 거의 모든 아이들을 내보낸다. 아이들에게 다양한 경험을 하게 하는 것이 나의 역할이라고 생각하기 때문이다.

크리스마스 캐럴, 영어 콘서트 등 우리 학원의 모든 행사는 아이들을 뽑아서 하지 않는다. 경험을 자꾸 선물해야 아이들이 한 단계 더 성장하므로 우리 학원의 모든 아이들이 경험이라는 기회를 선물받아야 한다고 생각한다. 좋은 학원은 모든 아이들에게 공정하게 기회를 주는 학원이다.

"어머니, 밀린 원비가
200만원이 넘어요."

"어머니, 이번 달까지 지영, 세영이 밀린 원비가 200만원이 넘어요. 저도 이 돈을 받을 돈이라고 생각하니까 너무 마음이 불편해요. 지금 어머님 사정도 안 좋으시고, 이 원비 안 받을 테니까 이번 달부터 지영, 세영이 그만 보내셨으면 좋겠어요."

학원 초창기에는 학부모에게 학원비 받는 것이 매우 서툴렀다. 원비가 밀렸다는 얘기를 하지 못해 전화기를 들었다 났다 했고, 한 달만 기다려 달라는 학부모 전화에 거절도 못 했다. 상담전화를 하며 학습과정에 대한 설명은 하면서도 차마 밀린 원비 얘기는 꺼내지도 못했다. 사정이 있다며 다음 달에 함께 결제한다는 얘기를 믿었고 밀린 원비가 3개월, 6개월 대책 없이 쌓여가는데도 정말 죄송하다는 한마디에 또 아이를 가르치고 있었다. 게다가 한 집에서 두세 명의 아이들을 보내는 경우에는 순식간에 100만원 단위를 넘기기 일쑤였다.

교육사업도 사업이다

많은 원장들이 아이들을 가르치며 돈 문제에 대해서는 적극적이지 못하다. 내가 아는 원장님 중 한 분은 정작 본인 아이 원비는 내지 않으면서 계속 원생을 소개해 주는 학부모와 관계를 끊지도 못하고 속앓이를 하는 경우도 있었다. 실제로 원비 문제로 불편해지면 학원 소문이 좋지 않게 날까 봐 걱정해서 손해를 감수하는 원장들도 많다. 학생과 학부모가 걸린 문제다 보니 차마 가르치는 아이에게 내색도 못한다. 원비를 내지 못하는 집안 사정을 들어보면 아이에게도 차마 얘기하지 못하는 딱한 사정이 많아 차일피일 미루다가 순식간에 미납 원비가 쌓이는 것이다.

그러나 학원도 교육 서비스를 제공하고 원비를 받는 사업장이다. 원장은 정당하게 받아야 할 원비를 제대로 받는 노하우를 갖출 필요가 있다. 원비를 못 받아 속상해하던 내게 동료 원장님이 해준 말이 있다.

"한 달은 사정이 있을 수 있겠지만, 두 달 이상 밀리면 원장님한테도 책임이 있는 거예요."

2개월 이상 원비가 밀리면 학부모 입장에서도 부담일 수밖에 없다. 사전에 그런 상황이 되지 않도록 관리하는 것도 원장의 역량이다.

나도 1년을 속앓이한 후에 어렵게 꺼낸 이야기에 상대 학부모는 죄송하다는 말로 끝낸 적이 있다. 두 아이였기 때문에 수업료는 제쳐

두더라도 매달 두 아이 교재비만 9만원씩 6개월을 내가 다 결제한 셈이 되어버렸다. 물론 처음에는 나도 좋은 마음이었고, 가르치는 동안 정든 아이들이었기 때문에 집안 사정이 좋아지면 주겠지 하고 마냥 믿는 마음이 있었다. 그러나 모든 사람 마음이 내 마음 같지 않다는 것을 비싼 수업료를 내고서야 배웠다.

원비 관리 원칙 3가지

학원은 매달 원비를 받는 곳이고, 보통은 한 아이와 3년 이상 인연을 이어간다. 그런 만큼 처음부터 원비 관리 원칙을 세우지 않으면 여러 가지 이유로 원장의 스트레스가 커진다. 그렇다면 원장이 알아야 할 원비 관리 원칙은 무엇일까?

첫 번째, 먼저 원비 결제 날짜를 정해 놓아야 한다. 작은 규모의 학원일수록 신규 원생이 들어오면 학원에 등록한 날짜가 결제일인 경우가 많다. 학부모들도 우리 아이가 13일에 등록을 하면 매달 13일이 재등록 날짜라고 생각한다. 원비 결제 날짜가 통일되지 않으면 수시로 결제하러 오는 학부모들을 맞아야 한다. 수업 중일 수도 있고 상담 중일 수도 있다. 학부모들은 지나가는 길에 원비를 결제하러 오기도 하고, 아이들에게 카드를 맡기기도 한다. 이렇게 수시로 결제하다 보면 아무래도 원장의 업무가 많아진다. 이런 경우 처음부터 원비 재결제일을 25일이나 말일로 정해두고, 중간에 등록하는 경우는 날짜를 일별 계산해서 첫 달 원비를 받는 것이 좋다.

두 번째, 원비 재등록 기간을 말일로 정해 놓았다면 다음 달 5일

전에 원비 수납을 끝낸다. 말일이 지나면 미납 학부모들에게 원비 확인 문자를 발송하고, 5일이 되기 전에 한 번 더 미납 문자를 보내면 학부모들도 날짜를 맞추려고 한다. 안내 문자도 없고, 학부모들이 그냥 시간 될 때 결제해도 된다고 생각하면 원장은 한 달 내내 미납 원비를 체크해야 하고 학원 경비를 지출할 때도 문제가 생긴다. 5일에 원비 수납을 끝내고, 교사 급여나 학원 경비 지출도 5일에 맞춰 놓으면 남은 기간에는 수업에만 집중하며 원장 업무를 볼 수 있다.

세 번째, 미납 원비는 절대 두 달을 넘기지 말자. 물론 갑자기 안 좋은 사정이 생겼다며 따로 연락하는 학부모들이 있다. 그런 경우 상황이 이해가 된다면 한 달 정도는 유예해도 되지만 두 달을 넘기면 앞서 언급했듯이 서로 불편해진다. 안 받아도 된다고 생각하면 상관 없겠지만, 언젠가 줄 거라는 믿음만으로 기다리면 너무 지친다. 아예 처음부터 두 달 미납은 넘기지 않는다는 원칙을 세우고 원비를 관리하면 큰 손실을 예방할 수 있다.

좋은 선생님과
오래 일하는 방법

"원장님, 드릴 말씀이 있는데요."

갑자기 선생님 중 한 명이 원장실로 들어와 이런 말로 시작하면 심장이 쿵 내려앉는다.

'아! 또 그만두는구나.'

"제가 건강이 안 좋아서 좀 쉬어야 할 것 같아요."
"학원 일이 잘 안 맞는 것 같아요. 다른 일을 찾아보려고요."
"공부를 더 하고 싶어요. 대학원 다니려고요."

이유는 다양하지만, 결론은 우리 학원 선생님이 바뀌는 것이고 나는 다시 새 선생님을 구해야 한다.

교사들이 학원을 떠나는 이유는 무엇일까?

학원 초창기에 이런 고민을 많이 했다. 교사가 바뀌는 것은 원장과 교사만의 문제가 아니다. 기존 교사와 정이 들고 적응한 아이들이 새로운 선생님과 다시 적응할 시간이 필요할뿐더러, 교사가 자주 바뀌는 학원은 학부모들도 신뢰하지 않는다. 겨우 학원 이름이 알려지고 원생 수가 늘어갈 때쯤 기존 선생님이 그만두는 문제로 많은 원장님이 고민한다. 한 학원에서 오래 일하는 선생님을 찾기는 정말이지 쉽지 않다.

우선 학원 선생님들은 연령대가 젊은 편이다. 이력서를 받아 보면 대학을 갓 졸업했거나 사회생활 경력이 별로 없는 경우가 많다. 그리고 학원에서 일한 경력이 대부분이다. 학원을 평생직장으로 생각하기보다는 더 좋은 직장을 찾기 전에 거쳐 가는 중간 단계로 여기거나, 일정 기간 일하고 휴식기를 가진 후에 다시 학원에 이력서를 내는 경우도 적지 않다.

또 다른 이유는 학원 교사의 월급이 많지 않다는 점이다. 학원 개원하고 원생 수가 20~30명이 채 안 되면 사실 높은 급여를 주며 신규 교사를 채용하기는 쉽지 않다. 원장이 수업을 맡아서 하거나, 교사를 채용하더라도 적은 급여부터 시작한다. 학원 상황이 좋아지고 원생 수가 많아지면 교사 급여도 올라가겠지만, 학원 상황이 딱히 좋아지지 않는 상황에서는 이것도 쉽지 않다. 적은 급여로도 오랫동안 학원에 충성할 선생님은 당연히 없지 않을까?

마지막 이유로는 학원 교사의 일이 힘들다는 것이다. 힘든 이유는 많지만, 가장 대표적인 것은 사람을 대하는 일이라는 점이다. 소규모 그룹 수업이든, 강의로 진행하는 교실 수업이든 어느 반에나 힘든 아이는 있기 마련이다.

"민석이만 없으면 수업할 수 있어요, 원장님."

아이 한 명이 수업 분위기를 안 좋게 만들 뿐 아니라 그 아이에게 에너지를 쏟다 보면 다른 아이들 수업에도 소홀해지기 쉽다. 회의할 때 힘든 일을 얘기하라고 하면 거의 모든 교사가 한 아이만 빼달라는 요구를 많이 한다. 유독 진도가 느린 아이도 있고, 선생님에게 반항적인 아이도 있고, 결석이 너무 잦은 아이도 있다.

"희원이 어머님이 수업시간에 희원이 혼냈다고 전화로 화내셨어요."

학원 아이들과 정신없이 하루를 보낸 후에 학부모와 문제가 생기면 교사들은 잠을 못 잘 정도로 속상해한다. 학원 특성상 학부모와 소통하는 것도 학원 교사의 업무인데 이것도 쉽지 않다. 유독 불평하는 학부모도 있고, 우리 아이에게 더 신경 써 달라고 자주 상담을 요청하는 학부모도 많다.

이 외에도 원장 및 같은 교사끼리의 불화, 과도한 업무, 늦은 시간까지 일해야 하는 근무환경 등이 학원 선생님이 힘들어하는 이유다.

좋은 선생님은 만나는 것이 아니라 만드는 것이다

좋은 선생님 찾기가 하늘에 별따기라고 한다. 사실 원장들의 가장 큰 고민은 학생이 아니라 교사다. 그만큼 내 마음 같은 교사가 없다는 말이다. 다른 학원 교사 이야기를 들어보면 그 원장님이 부럽고 난 왜 그런 복이 없나 싶다.

어디 선생님은 토요일에도 나와서 일한다더라, 어떤 선생님은 안 시켜도 그렇게 애들한테 뭘 사준다더라, 어느 학원은 행사준비를 선생님들이 다 한다더라 등등. 그런 얘기를 듣고 오면 괜히 우리 교사만 눈치가 없는 것 같고 나만 월급을 그냥 주는 것 같은 억울한 생각이 들기 마련이다. 내가 교사 복이 없는 원장이라는 생각이 들면 다음의 말을 명심하길 바란다.

> 그 교실에서 가장 못하는 아이가 그 선생님의 수준이고, 그 학원에서 가장 못 하는 선생님이 그 원장의 수준이다.

학원 선배가 들려준 말인데, 내가 가장 마음속 깊이 새기고 있는 말이다. 좋은 교사는 원장이 만든다. 어떤 교사도 원장이 아니기 때문에 원장 마음까지 다 헤아리며 일하지 않는다. 일단 제대로 일을 시키고 그만큼 제대로 대우해 주는 게 원칙이다.

- 학원생 수가 늘지 않는다고 교사 탓을 해본 적이 있는가?
- 학부모에게 항의 전화가 왔다고 교사에게 왜 그랬느냐고 책임을 물

은 적이 있는가?

- 학원비 결산을 해보니 인건비 빼고는 남는 것이 없어서 교사를 탓한 적이 있는가?
- 아이의 시험성적이 좋지 않다고 교사의 실력을 탓한 적은 없는가?

학원에서 벌어지는 일들에 대해 교사를 탓해서는 안 된다. 내 학원이기 때문이다. 경영은 원장이 하고, 수업은 교사가 한다. 그리고 그 교사를 채용한 것이 원장이니 책임도 원장이 져야 한다. 교사를 한번 채용했다면 그다음은 원장 몫이다. 처음 만날 때부터 좋은 교사는 없다. 서로 맞춰가며 좋은 교사가 되도록 도와주는 것도 원장이 해야 할 가장 중요한 일이다.

어떤 선생님이 좋은 선생님일까?

학원을 하며 나에게 찾아온 최고의 행운이 있다면 주디(Judy)를 만난 것이다. 주디는 학원 초창기에 갑자기 우리 학원으로 찾아와 "혹시 선생님 안 구하세요?"라며 깡마르고 예민함이 뚝뚝 떨어지는 모습으로 인사했다. 원생 수는 30명을 오락가락하고 있었고, 이미 선생님이 2명이나 있을 때였다. 교사 채용 계획은 전혀 없었지만 붙잡고 싶었다. 나한테 없었던 고급스러운 영어 발음에 끌렸을까? 조근조근 얘기하는 말투에 끌렸을까? 아이들이 좋아하는 젊은 선생님도 아니었고, 나보다 나이도 많은 데다 대학원 수업 때문에 일주일에 한 번은 일찍 퇴근한다는 조건까지 있었지만 나는 덜컥 계약을 해버렸다. 그 당시에는 교사 한 명의 월급을 더 주려면 현금서비스를 받아야 하는 상황이었지만 그런 계산을 할 틈도 없었다. 그냥 처음부터 월급을 많이 못 드린다는 얘기만 했다. 굉장히 쿨하게 알겠다고 하더니 다음 날부터 같이 일하게 됐고 현재 12년째 함께하고 있다.

13년간 정말 많은 이력서를 봤고, 많은 면접을 해봤다. 정말 학원 선생님이 꿈이었으며 아이들을 너무나 사랑한다던 많은 선생님들이 실상은 너무 금방 일을 그만두었고, 결국 학원일이 적성에 안 맞는다며 떠나갔다. 면접 때 원장이 들어오면 먼저 일어나 인사하는 교사를 채용한다는 등, 무조건 실력 테스트를 해서 뽑는다는 등, 이전 학원에 전화를 해본다는 등 많은 교사 채용팁이 있지만 내 경험상 교사를 채용할 때 가장 실패하지 않은 방법은 주디를 채용했을 때의 방법이었다.

첫째, 영어학원 선생님은 영어 발음이 좋아야 한다. 인성, 책임감, 사교성 등 많은 조건이 있겠지만 선생님 채용의 가장 첫 번째 조건은 무조건 실력이어야 한다. 토익, 토플 등 공인인증시험의 성적이 아무리 좋아도, 영어 발음은 직접 확인해봐야 한다. 주디의 경우 영어 발음이 원어민 같았고, 내가 영어를 잘 모르던 때여서 그 실력이 너무 탐났다. 아이들은 선생님의 영어 발음이 좋은지 안 좋은지 금방 안다. 학교 영어선생님 발음이 웃기다며 자기들끼리 흉내도 낸다. 이런 상황에서 원어민은 아니더라도 영어전문학원 선생님 발음이 좋지 않다면 학원 이미지에도 좋지 않다.

둘째, 자기 일에 자존심을 건 선생님을 채용해야 한다. 학원에서 일했던 경력이나 과외 경력이 있다면 가르쳤던 아이의 결과가 어땠는지 물어봐야 한다. 학생을 가르치는 실력은 갑자기 늘지 않는다. 확실히 노하우를 가지고 있어야 하고, 아이의 실력 향상이 본인의 실력이라고 믿어야 한다. 그렇지 않으면 자꾸 아이 탓을 하거나 교재 탓을 한다.

주디는 학부모들의 소개로 과외를 했던 경험이 있었고, 가르쳤던 아이들이 모두 상당한 레벨의 아이들이었다. 우리 학원은 동네의 작은 학원이었지만 나는 아이들의 실력을 대형 어학원 못지않게 키우고 싶었고, 무리해서라도 실력 있는 선생님과 일하고 싶었기에 주디를 선택했다.

셋째, 학원 선생님은 아이들에게 애정이 있어야 하고 감정기복이 심하면 안 된다. 나는 주디의 조근조근 말하는 말투가 마음에 들었고, 수업하는 모습을 보면서 더 신뢰하게 되었다. 난 지금까지 주디가 아이들에게 심하게 화내는 모습을 한 번도 본 적이 없다. 절대 목소리를 높이지 않고 차분하게 수업을 이끈다. 조용하지만 아이들에게 휘둘리지도 않고, 진심으로 아이들을 위하는 모습은 지금도 내가 배우는 것이다.

가족 같은 관계? 계약적인 관계가 낫다

'아, 보람 따위 됐으니 야근 수당이나 주세요.' - 히노 에이치로

서점에서 제목만 보고 진심으로 공감했던 책이다. 원장과 선생님 사이에 가족 같은 관계를 바라지 않았으면 좋겠다. 가족 같아서 더 바라고, 더 실망하게 되기 때문이다. 그리고 사실 말이 '가족 같다'지 어떻게 사회생활을 하면서 가족같이 일할 수 있을까? 원장은 선생님이 알아서 아이들 수업도 잘하고, 학부모 관리도 잘해주고, 주말에 보충 수업도 좀 해주고, 학원홍보도 알아서 해주길 바란다. 반면에 선생님은 수업만 하고 싶고, 나머지는 원장이 다 알아서 해주길 바란다. 학부모 상담도 불편하고, 학원 행사도 싫고, 홍보도 싫고, 수업 외의 일은 스트레스인 경우가 많다. 이런 상황에서 가족 같은 관계를 강조하면 가족 같아서 일을 더 시키고, 가족 같아서 불만이 더 쌓인다.

원장과 선생님이 좋은 관계를 오래 유지하려면 우선 계약적인 면에서 명쾌해야 한다. 근무시간을 계약상 합의해야 하고, 추가 업무도 계약상 명기해야 한다. 급여조건도 학원의 성장과 함께 조정해야 하고, 개인의 휴가나 휴무일도 존중해 주어야 한다. 계약으로 좋은 관계가 합의된 다음에야 가족적인 관계로 부탁이나 헌신도 바랄 수 있다.

"변화가 좋은 사람이 어디 있어요? 살려고 변하는 거지."

학원 행사를 준비하며 그냥 수업하는 게 편하다는 선생님에게 내가 한 말이다. 학원 행사를 기획할 때마다 사실 선생님들의 눈치가 보인다. 할로윈이건, 크리스마스건 선생님들 입장에서는 다 추가로 해야 하는 일거리다. 원장 입장에서는 아이들을 즐겁게 하고 학원 홍보 효과도 기대하며 행사를 준비하지만, 수업보다 훨씬 더 많은 에너지와 노력이 요구되기 때문에 교사들은 대부분 반기지 않는다. 그리고 다른 학원에 비하면 우리 학원은 행사가 많은 편이다.

그래서 선생님들이 힘든 수업과 행사 후에는 쉴 수 있는 날을 만들고 싶었다. 얼마 전부터 우리 학원은 매달 마지막 날 수업이 없다. 선생님들에게 평일에 온전히 하루를 쉴 수 있는 날을 만들어 주기 위해서 내린 결단이었다. 그리고 수업시간도 하루 6시간으로 2시간 줄였다. 하루 종일 아이들과 씨름하다 보면 정말 식사시간도 불규칙하고 늦게까지 일해야 하는 곳이 학원이다. 나도 수업을 해본 경험이 많아서 그것이 얼마나 지치는 일인지 지난 13년간 몸소 체험했다.

선생님과 가족같이 친해져서 힘든 일도 내색 못하고 일하게 하는 것보다 원장이 일할 수 있는 환경을 만들어 주는 것이 중요하다. 정이 아닌 계약으로 배려해 주는 것이 좋은 선생님과 오래 일할 수 있는 길이다.

초심은 망해봐야
생긴다

초심을 잃지 말라고들 흔히 말한다. 그러나 이것을 지키기란 정말 힘들다. 솔직히 나는 망하고 나서야 잃어버린 초심을 되찾을 수 있었다. 잘나갈 땐 초심 따위는 생각도 나지 않는다. 내가 망했던 때는 아이러니하게도 첫 번째 학원이 130명을 넘기고 두 번째로 문을 연 2호점이 50명을 향해 가고 있을 때였다. 나는 당시 '나도 200명 학원생을 두는 원장이 되나 보다'라며 잔뜩 기대에 부풀어 있었다. 그야말로 나름 잘나가는 원장이었다.

학원 개원 5년차에 접어드니, 우리 학원 졸업생이 특목고에 가면서 중학생 원생이 급증했다. 딱히 홍보하지 않아도 소개가 이어졌고, 오후 1시부터 9시까지 학원은 말 그대로 숨 가쁘게 돌아갔다. 일주일에 3번은 1호점에서, 일주일에 2번은 2호점에서 근무하며 두 학원을 바쁘게 오갔고, 학부모 간담회를 한 달에 4번씩 하며 학부모들을 만났다. 중학교 강당을 빌려 300명 규모의 영어 골든벨을 열고, 웨딩홀을 빌려 발표회를 하고 할로윈 파티를 했다.

겉으로 보기엔 학원은 아무 문제가 없었지만 정작 나는 점점 지쳐 가고 있었다. 화려한 겉모습 뒤에 구멍이 생기면서 결국 두 번째 학원은 하루아침에 문을 닫았고, 탄탄했던 1호점에서도 학원생 숫자가 빠지기 시작했다.

구멍은 원장에게 먼저 생긴다

1호점과 2호점은 차로 5분 거리여서 가까웠지만, 두 학원을 왔다 갔다 하면서 정작 나는 어느 한 곳에도 집중하지 못했다. 홍보와 신규 유치에 신경 써야 하는 2호점을 나는 부원장과 교사에게 맡겨 버렸다. 학부모 간담회 때마다 학부모들을 한 달에 1~2번씩 만났지만 정작 학원에서 공부하는 아이들에 대해서는 잘 몰랐다.

안정되어 있던 1호점에서는 수업에 매달렸다. 원래부터 내가 수업하던 아이들이 많았기 때문에 1호점에서 근무하는 시간에 원장 업무는 소홀히 하고 교실에서만 있었던 것이다. 나는 결국 원장도 아니고 선생님도 아닌 애매한 위치에서 두 학원을 왔다 갔다 했고, 몸이 두 개라도 모자랄 지경이라며 지쳐갔다. 어느 날은 학원에 들어가려는데 망설이고 있는 내 모습을 발견했다.

'아! 오늘도 힘들겠지? 쉬고 싶다.'

나에게 학원을 하라고 추천해준 원장님이 하신 말씀이 있다. 원장이 학원에 부정적인 생각을 하게 되면 아무에게 말하지 않아도 학원 벽이 듣는다는 말이었다. 그때는 정말 도망치고 싶었다. 내 마음에 난 구멍은 곧 학원 여기저기에 더 큰 구멍을 만들기 시작했다.

교사와 원장 사이에 소통도 없어졌고, 학원 아이들의 학습 상태와 결석 관리를 꼼꼼히 확인하지 못했다. 학부모 상담도 뜸해졌고, 내부 관리뿐 아니라 외부 홍보는 꿈도 꾸지 못했다. 결국 원생 수 100명이 무너지는 순간, 나는 학원에서 괜찮은 척 나와서는 집에 오며 한없이 울었다.

원장이 지치면 교사도 지친다

내가 힘드니 다른 것이 눈에 보이지 않았다. 그러한 원장 역할의 부재는 교사들에게 부담을 가져왔다. 교사들은 수업에만 집중할 때 가장 높은 효율성을 보인다. 그런데 원장이 자꾸 자리를 비우면 학부모 응대나 전화 상담 그리고 문제 학생 관리까지 모두 떠안게 되니, 본인 업무 외의 일이 자꾸 생기면 아무리 착한 교사라도 인간적인 관계로만 참기는 힘들다.

> "원장님, 드릴 말씀이 있는데요. 제가 몸이 안 좋아서 쉬어야 할 것 같아요."
> "원장님, 일을 그만해야 할 것 같아요."

교사들은 참았던 불만을 한꺼번에 터뜨렸다. 나도 힘들어 죽겠다고 생각할 때였으니 교사들은 오죽했을까. 한 학원에 집중할 때는 그때그때 문제가 생겨도 풀 수 있었던 일들이 이제는 쌓이고 쌓여서 해결되지 않았다. 원장은 알아서 일해주지 않는 교사가 불만이고, 교사는 제대로 업무 지시가 없는 상황이 버거웠을 것이다. 한참 바쁠 때는 교사들이 저녁 먹는 시간 30분도 뺄 수 없어서 10분간 빵으로 때우고 수업하던 시기도 있을 정도였다. 결국 2호점의 부원장과 교사가 한꺼번에 그만뒀고, 1호점 교사도 수시로 바뀌었다.

교사가 지치면 아이들이 먼저 안다!

"선생님이 자꾸 짜증을 내요!"
"점검받는데 자꾸 한숨을 쉬세요."
"못한다고 화내요."

당시 이번 달까지만 하고 수업을 중단하겠다는 학부모들의 전화를 받으며 알게 된 이야기였다. 아이들이 집에 와서 했던 말들이라고 했다.

"원장님이 너무 바쁘셔서, 우리 아이 수업을 잘 못 봐주시나 봐요."

이렇게 말하며 서운한 내색을 하는 학부모들도 많았다. 아이들은 즐겁지 않은 얼굴로 학원에 들어왔고, 교사들도 웃음기 없는 얼굴로 아이들을 맞았다. 원장부터 죽겠다고 인상을 쓰고 다녔으니 더 이상은 잘나가는 좋은 학원이 아니었다.

돌이켜보면 학원이 자리를 잡고 학습결과가 잘 나오자, 이렇게만하면 아이들의 실력이 좋아진다는 확신에 더 이상 다른 노력을 안 해도 되겠다고 생각했다. 아이들의 마음은 돌아보지 않으며 잘 된다고 2호점을 시작했다. 다른 학원들처럼 아이들을 다그치고 학습량을 늘려 빨리 성과를 내고 싶었는지도 모른다.

나의 태도는 교사들의 태도에도 영향을 미쳤고, 약속과 격려로 학습을 진행했던 초심과 달리 결과만을 위해 칭찬에 인색해지기 시작했다. 아이들은 어른보다 더 빨리 알아차린다. 내가 사랑받고 존중받고 있다는 느낌은 힘든 학습도 해내게 하지만, 그 느낌이 사라지면 더 이상 힘든 학습은 하고 싶지 않게 마련이다.

나는 원장이라는 내 위치를 지키지 못했고 교사와의 관계도 유지하지 못했다. 그리고 무엇보다 아이들의 마음을 알아주지 못하는 세 가지 실수를 했다. 영어도 모르고 학원도 몰랐던 내가 한 명 한 명 아이들을 만나며 성장했던 초심을 학원이 제일 잘될 때 잊었던 것이다. 지금 생각하면 학원이 제일 잘되고 있을 때 내 마음은 학원에 없었다.

많은 원장님들이 학원을 어느 정도 키우고 나면 학원 밖으로 나가고 싶어 한다. 그동안 고생했으니, 이제 좀 편해지고 싶다는 생각도 한다. 혹은 나처럼 분원이나 다른 사업을 하고 싶어하는 분들도 있다. 나의 실패 경험을 바탕으로 예비 원장님들 혹은 현재 학원을 하는 원장님들께 말해주고 싶다. 내 학원은 내가 있어야 할 곳이다. 잘나가는 학원 원장 타이틀 따위는 아무짝에도 쓸모가 없다. 학원 밖으로 나가면 안 되고 분원이나 다른 사업을 무조건 하지 말라는 게 아니다. 무엇을 하든 오늘! 지금 현재 내 학원이 괜찮아야 한다. 내 본업이 아무 탈 없이 잘 굴러가야 한다.

오늘 우리 학원의 모습은 어떤지 한번 다시 돌아보자. 초심은 망해봐야 생긴다지만, 망하기 전에 다시 한 번 초심을 생각해 보면 더 좋지 않을까?

Tip

초심을 유지하는 노하우

1. 근무시간 지키기(내가 원장이니까 마음대로 해도 된다고 생각하지 않고, 직원과 똑같이 출퇴근 시간을 지키자!)
2. 학원에 들어오는 아이들에게 밝게 인사하기(그리고 아이들의 표정이 밝은지 확인하자!)
3. 교사 근무시간 지켜주기(내가 없는 학원을 교사가 늦게까지 지켜줄 거라고 생각하지 말자!)
4. 하루 두 번 기존 학부모에게 상담콜하기(내가 모르는 구멍을 찾을 수 있다)
5. 교사들이 힘들어하는 학생 수업해보기(그 학생이 우리 학원 기준이다)
6. 공부하기(학원 원장은 독서하고, 공부해야 한다)
7. 학원 청소하기(구석에 쌓인 먼지는 원장의 마음이다)

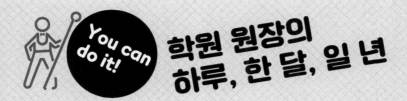

영어학원 원장의 하루

(오전에 학부모 모임이 있으면 10시부터 1~2시간 설명회 진행, 오전에 원장 회의가 있으면 10시 출근)

(새 학기 홍보 기간이면, 아이들 등원시간 / 귀가시간에 학교 앞 홍보)

점심시간

1:00 - 학원 출근, 창문 열어 환기하기, 화분 물주기, 상담실 정리

2:00 - 아이들 수업 시작, 출석부 진도 확인, 교사일지 확인

3:00~6:00 - 수업 집중 관리, 직접 수업, 수업을 힘들어하는 아이 상담

저녁시간

7:00 - 결석생 확인, 교사업무 확인, 상담 전화

9:00 - 퇴근

영어학원 원장의 한 달

첫째 주 - 개강 알림, 미납 원비 확인, 새 교재 배부 확인

둘째 주 - 현금영수증, 급여, 관리비 챙기기. 결석 많은 학생 관리, 학원 홍보 및 행사 체크

셋째 주 - 소식지 제작, 신규학생 공개수업

넷째 주 - 학부모 모임 및 작은 발표회

영어학원 원장의 일 년

3월 – 새 학기 집중 홍보, 학부모 간담회

4월 – 중간고사 대비, 수행 / 듣기평가 대비

5월 – 어린이날 행사 준비

6월 – 기말고사 대비

7월 – 방학 특강 준비, 특강교재 및 자료 선정

8월 – 여름방학 특강 관리, 발표회 준비

9월 – 새학기 집중 홍보, 학부모 간담회

10월 – 중간고사 준비, 수행 / 듣기평가 대비, 할로윈 파티 준비

11월 – 크리스마스 발표 준비

12월 – 기말고사 대비, 방학특강 준비

1월 – 겨울방학 특강 관리

2월 – 새 학기 홍보 준비

학원 원장의 세무 지식

매일매일 정신없이 수업을 하고, 행사를 하다 보면 원장들이 가장 힘들어하는 부분이 세무와 관련된 일이다. 자꾸 뒤로 미루다 보면 나중에 문제가 될 수 있으니 영수증이나 서류 등을 항상 꼼꼼히 챙겨 두어야 한다.

학원 원장이 놓치기 쉬운 세무
- 학원비가 10만원 이상이면 현금영수증 의무발행 대상이다(5일 이내 발급).
- 계좌이체 받은 현금도 현금영수증을 발행해야 한다.
- 학원 관련 비용을 쓸 때 세금계산서 및 영수증을 꼭 챙겨야 한다.
- 연간 매출액이 7,500만원 이상일 경우 복식부기 의무자이므로 세무사에게 세무 대리를 의뢰해야 한다.
- 학원 강사는 4대 보험을 가입하고, 프리랜서 강사의 경우 3.3% 원천징수하여 사업소득자로 신고한다.

학원 원장의 세무 의무
- 원천세 신고납부
- 근로소득, 사업소득 지급명세서 제출
- 면세 사업자 현황신고
- 종합소득세 신고납부

학원 원비 관리

- 해당 교육청마다 학원 원비 기준 금액이 있다. 절대 그 금액을 초과해서 받으면 안 된다.
- 교육청 환불규정을 게시해야 하고, 중간에 원생 탈퇴가 생기면 규정에 따라 환불해야 한다.

학원생들의

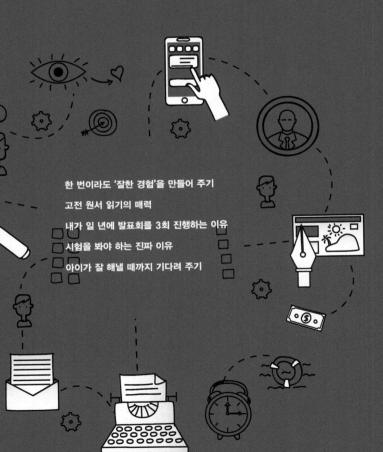

한 번이라도 '잘한 경험'을 만들어 주기

고전 원서 읽기의 매력

내가 일 년에 발표회를 3회 진행하는 이유

시험을 봐야 하는 진짜 이유

아이가 잘 해낼 때까지 기다려 주기

영어 성공이 학원
창업 성공의 핵심

한 번이라도 '잘한 경험'을 만들어 주기

"선생님, 전 원래 공부 못해요."

"전 기억력이 나빠서 자꾸 단어를 잊어버려요."

학교 시험을 함께 준비할 때마다 가장 기운 빠지는 이야기다. 내 경험상 공부를 원래 못하는 아이는 없다. 단, 한 번도 잘해본 적이 없는 아이는 있다.

공부를 못하는 이유 1. 틀린 문제에 집중하지 않아서

같은 문제집을 풀어도 공부를 잘하는 아이는 본인이 모르는 문제에 집중한다. 그러나 성적이 좋지 않은 아이는 본인이 맞은 문제만 신경 쓰고 모르는 문제를 정확히 알려고 하지 않는다. 사실 모르는 문제나 어려운 문제에 별로 관심이 없다. 그동안 수많은 문제집을 그런 식으로 풀어온 것이다. 정답지의 답만 확인하고 문제의 답을 고민하지 않는 아이들이 내 경험상으로는 성적이 좋지 않다.

중학교 시험기간이 되면 나는 아이들과 함께 내신 대비 수업을 한다. 같은 문제집으로 수업하고, 같은 시간 동안 공부하지만 세영이와 하은이의 수업태도는 다르다.

세영이는 틀린 문제에 대해 고민하는 법이 없다.

"선생님! 이거 아는 문제였어요. 밑에 보기를 못 봤나 봐요."
"그럼 왜 3번이 아니고 2번이 답일까?"
"그냥, 이게 맞으니까요."
"그럼 3번이 답이 아닌 이유는?"

그제야 세영이는 꼼꼼히 문제를 다시 읽으면서 고민한다. 세영이는 모르는 문제도 틀리지만 아는 문제도 몇 개씩 틀린다. 반면에 하은이는 문제집을 들고 나올 때부터 질문을 던진다.

"선생님, 이게 왜 답이에요? 3번이 맞지 않나요? 위 지문에 이렇게 나와 있잖아요."

하은이는 요점만 다시 배우면 금방 이해한다. 모르는 문제는 틀리지만 아는 문제는 절대 틀리지 않는다.

차이가 느껴지는가? 나는 아이들과 수업할 때 '왜?'라는 질문을 많이 하는 편이다. "왜 이게 답일까?" "왜 여기에는 동명사를 써야 해?"

"왜 이건 시제가 현재야?"처럼 간단한 Why 질문을 던지면 아이가 얼마나 이해하고 있는지 금방 알 수 있다. 공부를 잘하는 아이는 Why 질문을 좋아하고, 공부를 못하는 아이는 Why 질문을 너무나 싫어한다. Why 질문에 제대로 답하지 못하는 아이들은 문제집을 아무리 풀어도 고득점이 나오지 않는다. 늘 실수를 되풀이하기 때문이다.

요즘은 내신평가에서 객관식 문제보다 서술형 평가와 수행평가가 중요해지고 있다. 공부를 잘하는 아이는 객관식 문제와 서술형 평가 대비 문제를 모두 꼼꼼하게 풀지만, 공부를 못하는 아이는 서술형 평가 대비 문제는 손도 대지 않으려고 한다. 조금만 고민하면 풀 수 있는 문제인데도 무조건 문장을 쓰라고 하거나 복잡해 보이면 건너뛰고 문제를 푼다. 그리고 그렇게 빈칸투성이인데도 문제집을 많이 풀었다고 뿌듯해하는 아이도 있다. 고민하는 것을 귀찮아하는 학습 습관을 가진 아이는 절대 점수가 나올 수 없다.

아이가 늘 공부한다고 책상 앞에 앉아 있는데 성적이 안 나오면 속상한 것은 부모든 아이든 마찬가지다. 성적을 올리는 직접적인 방법은 본인이 틀린 문제를 반복해서 푸는 것이다. 본인이 무엇을 모르는지 정확하게 파악하고 공부해서 해결하면 성적은 오른다. 그리고 틀린 문제를 아이에게 직접 설명하게 하면 효과는 배가된다.

이런 이유로 나는 앞서 언급한 것처럼 성적이 좋지 않은 아이에게 집중하는 편이다. 한 번이라도, 영어만이라도 잘해본 경험을 쌓게 해 주고 싶고 원래 못하는 게 아니라 노력하면 잘할 수 있다는 믿음을 주고 싶기 때문이다.

공부를 못하는 이유 2. 시간관리를 잘하지 못해서

우리 학원 옆에는 수학학원이 있다. 시험기간만 되면 두 학원 선생님들이 아이를 찾아다니느라 바쁘다.

"지민이 아직 안 끝났어요?"

"어? 지민이 좀 전에 왔는데요."

"어쩌면 좋아! 수학도 수업해야 하는데."

요즘은 개별 진도를 나가는 학원들이 많아서 아이들의 학원 등원 시간이 자유로운 편이다. 시험기간이 되면 정말이지 시간 전쟁이다. 아이가 하루에 공부할 수 있는 시간은 한정되어 있는데, 학원들마다 시험기간이니 조금이라도 더 공부하게 하려고 난리인 것이다. 다음 두 아이의 예를 보면 아이들 시간관리가 공부와 왜 직접적인 관련이 있는지 알 수 있을 것이다.

서연이는 오후 5시 전에 학원에 온 적이 없다. 나와 오후 4시에 등원하기로 약속했지만 항상 늦는다. 늦는 이유는 매번 다양하다. 청소를 하느라, 숙제를 두고 와서 학교로 되돌아갔다가 오느라 늦었다는 식이다. 어느 날은 집에서 잠이 들었거나 친구하고 놀다가 늦기도 하는데, 그럴 때는 다음 학원 수업 때문에 영어 수업을 30분밖에 못한다고 한다. 항상 피곤하고, 항상 학원 때문에 놀 시간이 없으며, 본인이 공부를 아주 많이 하고 있다고 생각한다.

민석이는 오후 3시 30분이면 교복을 입고 수업을 온다. 3년 내내 항상 정확하게 시간을 지켜서 그 아이가 오면 그 중학교 수업이 끝난 걸 알 정도다. 민석이가 3시 30분에 와서 5시 전에 수업을 끝내고 수학학원으로 갔다가 끝나고 집에 가면 7시다. 저녁 먹고 숙제한 뒤에 자기가 하고 싶은 공부를 한다. 잠이 많아서 일찍 자는 편이라고 했다. 10시면 잠자리에 드니 수업시간에 조는 일이 없다. 한번은 그 아이에게 학원에 왜 이렇게 일찍 오느냐고 물어본 적이 있는데 "빨리 끝내고 놀려고요"가 그 아이의 대답이었다. 서연이는 놀 시간이 없다고 생각하고, 민석이는 놀 시간이 있다고 생각한다.

두 아이의 차이점이 보이는가? 많은 아이들을 봐왔지만 공부는 정말 시간 싸움이다. 자기 시간을 얼마나 효율적으로 관리하느냐가 성적을 좌우한다. 초등학교나 중학교도 그런데, 나중에 고등학생이 되면 시간관리가 얼마나 중요해질지는 안 봐도 뻔한 일이다. 그리고 어릴 때 배운 시간관리는 평생 갈 가능성이 높다. 수많은 자기계발서가 시간관리에 대한 내용을 다루고 있는 것만 봐도 알 수 있다. 어른들에게도 시간관리는 항상 숙제이지 않은가?

공부를 못하는 이유 3. 기초를 놓치고 학년이 올라간 경우

"우리 아이는 기초가 부족한 것 같아요."

중학생이 되어 첫 상담을 할 때 학부모들이 많이 하는 이야기다. 그런데 말은 이렇게 하면서도 내신 성적은 빨리 올라가길 바란다. 기초는 부족하지만 학원에서 열심히 내신 대비를 하니, 당장 다음 시험에 성적이 오를 거라고 기대하는 것이다. 나는 그럴 때마다 바로 직전 시험성적을 물어보고 70점 아래라면 당장 다음 시험은 기대하지 마시라고 말씀드린다.

이제까지 부족했던 기초를 1~2개월 만에 뚝딱 쌓아줄 수 있는 학원은 없다. 문제집 반복 풀이와 무조건적인 암기로 잠깐 성적이 오를 순 있지만, 매 시험을 그런 임기응변으로 해결할 수는 없지 않은가? 그렇게 올린 성적은 고등학교 영어 성적에도 전혀 도움이 되지 않는다. 중학교 시험은 시험범위도 정해져 있고 공부할 양이 정해져 있어서 해당 문법만 달달 외우면 되지만, 고등학교 때는 독해 지문이 쏟아져 나오는데 잘못했다간 단어만 외우다 끝날 수 있기 때문이다.

나는 레벨 테스트 결과 기초가 부족하다면 6개월 정도 시간을 두고 중1 문법 또는 초등 문장부터 차근차근 공부해 보자고 한다. 그러면 학부모들은 대부분 고개를 절레절레 흔든다. 당장 다음 달이 기말고사인데 중학생에게 초등 기초부터 공부하자고 말하면 좋아할 학부모는 별로 없다. 학부모들은 학원에서 지독하게 공부시키면 성적이 오를 거라고 기대한다. 하지만 기초가 없는데 계속 암기로 문법만 공부한들 영어실력은 결코 오르지 않는다.

중학교 때 성적이 안 좋게 나왔더라도 아직 늦은 것은 아니다. 그 수준부터 시작해서 기초부터 중요한 과목을 하나씩 다시 잡아주면 된다. 전체 등수와 성적에 대한 부담을 조금 덜어주고 하나라도 잘해 낼 수 있는 기회를 준다면, 아이들은 자신감을 얻고 열심히 공부해서 궁극적으로 성적을 올릴 수 있을 것이다.

고전 원서 읽기의
매력

우리 학원은 방학 때마다 영어원서 읽기 수업을 한다. 여름방학, 겨울
방학마다 꾸준히 원서 읽기 특강을 해서 아이들은 《어린 왕자》, 《키
다리 아저씨》, 《위대한 개츠비》, 《바람과 함께 사라지다》 등 여러 권
의 영어원서를 읽고 초등학교를 졸업한다.

　처음에는 잘 모르겠다고 밑줄 쳐 오는 부분이 많았고 수업도 힘들
었지만 2~3주만 지나면 스스로 한 챕터 정도를 읽고 해석할 수준이
된다. 물론 레벨과 상관없이 어떤 학생이나 영어원서를 읽을 수 있는
것은 아니다. 대체로 6학년 나이에 초등 어휘 1,000개가량을 알고 있
고, 동사변형 정도의 문법을 알아야 한다.

　내가 아이들에게 영어원서를 읽혀야겠다고 결심한 이유는 하나다.
아이들에게 수준에 맞는 영어책을 읽히고 싶었기 때문이다. 자기 수
준에 맞는 좋은 책을 영어로 읽을 수 있는 아이들로 키우고 싶었다.

왜 영어원서는 초등학교 아이들만 읽을까?

많은 학부모들이 아이들 영어원서 읽기에 관심이 많다. 한글을 배우기 전부터 영어로 된 동화책을 사주기도 하고, 반복해서 읽어준 뒤 아이가 따라 하면 행복해한다.

초등 전문 학원들 중에는 영어원서만으로 커리큘럼을 짜서 수업하는 곳도 있고, 원생들이 100권을 읽었다, 혹은 1,000권을 읽었다는 등의 내용으로 광고를 한다. 엄마표 영어 중에서 가장 이슈가 되는 방법 중 하나도 영어원서로 수업하는 방법이다.

이런 학원에서 초등학생이 영어원서를 읽는 방식은 같은 스토리를 반복하여 읽어서 암기하거나, 미국 아이들 수준에서 5~6세 정도의 그림책을 많이 읽어서 권수를 늘리는 식이다. 더욱이 초등학생들은 스스로 영어원서를 읽지 못한다. 단어를 제시해주고, 선생님이 읽어주고, 해석해주고 난 후에 따라 읽는 방법이 대다수다. 아직 문법이 잡혀있지 않은 경우가 많아서 스토리 안의 문장이 조금 길어지면 그 문장에 대한 설명이 들어가는 식이다. 학교 수업시간에 교과서를 수업하는 방식과 그리 다르지 않다.

그럼에도 불구하고 영어원서 읽기의 매력은 많은 학부모들의 관심을 끈다. 그림으로 어느 정도 단어를 유추해 낼 수 있으니 반복적으로 노출하면 영어실력이 늘 것이라고 생각하기 때문이다. 이런 이유로 많은 초등학생들은 영어원서를 접하고 학원에서 읽는 방법을 배운다. 이렇듯 초등학생에게는 열심히 영어원서 읽기를 가르치는데, 막상 중·고등학생이 되면 자기 수준의 영어로 독해할 수 있는 책은 교과서뿐이고 단행본 정도의 긴 호흡이 필요한 책은 읽지 않는다. 일부 특목고 학생들을 제외하면 고등학교 때 학교 정규 과정에서 영어원서를 접할 일은 더더욱 없다. 문법도 배웠고, 어휘도 더 많이 알지만, 시스템상 우리나라 중·고등학생에게는 영어원서를 읽어보라고 더 이상 아무도 권하지 않는다.

그래서 나는 우리 학원에서 영어원서 읽기를 시작했다. 강남 8학군도 아니고 특목고 학생들도 아니지만, 우리 아이들이 고전 원서를 한 권, 한 권 읽어내면 자기 학년에 맞는 수준 높은 원서를 읽을 수 있지 않을까 하는 작은 바람 때문이었다. 결과적으로 이는 아이들의 실력을 탄탄하게 다져줬을 뿐 아니라, 좋은 입소문이 나게 해줘서 학부모들의 신뢰를 한층 두텁게 하는 데도 크게 기여했다.

어떻게 하면 우리 학원이 실력 있는 학원으로 어필할 수 있을지 고민한다면 영어원서 읽기를 가르칠 것을 추천한다.

아이에게 영어원서 읽기를 가르칠 때 필요한 조건

1. 스토리를 읽을 수 있는 발음이 먼저 잡혀 있어야 한다.

2. 원어민이 스토리 읽는 속도대로 따라 읽을 수 있다.

3. 어휘를 다 찾지 않고도 스토리를 이해할 수 있다(1페이지에 모르는 단어 2~3개 정도).

4. 동사와 동사변형을 구별하고, 주절과 종속절을 구별할 수 있다.

5. 방학기간에 오전마다 책을 읽을 수 있는 시간이 1~2시간 있어야 한다.

내가 1년에 발표회를
3회 진행하는 이유

학원이 안정기로 접어들면 학원 초창기만큼 외부 홍보가 중요하지 않다. 원생 수가 안정되고 있다면 거의 학부모들 소개로 신규 원생을 확보할 수 있기 때문이다. 이 시기가 되면 '내부 홍보'를 해야 한다. 내부 홍보란 현재 고객들을 꽉 붙잡는 방법으로서 지금 우리 학원에 다니는 아이들을 대상으로 하는 홍보다. 그중에서도 현재 우리 학원 학부모들에게 가장 적극적으로 홍보할 수 있는 방법 중 하나가 발표회다.

그러나 대다수의 원장들이 발표회나 행사라고 하면 부담을 느끼는 것이 사실이며, '잘 가르치면 그만이지, 꼭 발표회를 해야 하나?'를 고민한다. 발표회를 한번 하려고 들면 준비할 일도 많아 학원 입장에서는 아무래도 부담이 될 수밖에 없다.

나의 경험상 영어학원에서 발표회 및 행사는 꼭 필요하다. 학부모들은 매달 학원비를 결제하며 아이의 영어실력을 궁금해한다.

"우리 아이가 잘하고 있나요? 열심히 잘 다니긴 하는데, 얼마나 하는지는 모르겠네요."

"우리 아이 레벨은 어느 정도인가요? 학년에 비해 잘하는 편인가요?"

이렇게 질문하는 학부모들이 많은데 이에 대한 대답은 "잘하고 있다", "레벨에 맞춰 잘 진행하고 있다"는 정해진 것들뿐이다. 모든 일이 그렇듯이 말로는 부족하다. 눈으로 확인하는 것이야말로 고객이 가장 만족하는 방법이다.

발표회는 아이들의 수업 결과를 학부모에게 직접 보여줄 수 있고, 아이들의 자신감과 발표력을 키울 수 있는 좋은 기회다. 또한 영어를 공부로만 생각하지 않고 직접 표현하는 기회를 가짐으로써 언어의 기능으로 영어를 즐기게 할 수 있다.

처음 발표회를 준비하는 학원 입장에서는 모든 게 어려울 수 있다. 주제를 잡는 것이나 발표회의 순서, 아이들의 수준에 맞는 프로그램 개발 및 훈련 방법 등 모든 것이 혼란스럽고 막막하기만 하다. 그러나 내부 홍보의 효과가 막강한 만큼 한번 시작해 보자. 발표회 및 행사를 반복할수록 노하우가 쌓이면서 나중에 가서는 한결 수월해질 것이다.

그러면 발표회는 언제쯤 잡으면 좋을지, 어떤 내용으로 발표를 준비해야 할지, 아이들 발표 준비는 어떻게 시킬지 차근차근 짚어보자.

발표회를 열면 거의 모든 학부모들이 아이의 발표를 보러 온다. 고객은 기대를 갖고 시간을 들여 찾아오고 학원에서는 돈과 시간과 노력을 들였는데 학원만의 잔치로 끝나면 곤란하다. 발표회의 효과를 극대화하려면 가장 먼저 발표회의 시기를 고려해야 한다.

학원 발표회, 언제 할까?

첫 번째 발표회 : 5월 어린이날 전날

3월에 새 학기가 시작되면 아이들은 새로운 학년에 적응하기 바쁘다. 정신없는 새 학기가 지나고 5월쯤 되면 아이들은 수업에 적응하면서 학원 선생님과의 관계도 안정되어 간다. 이때 같은 학년 아이들끼리 팀을 만들고 발표 준비를 하면 또래끼리 친해지고 함께 발표 연습을 하면서 실력도 좋아진다. 5월 어린이날 전날에 발표회를 열어서 학부모들이 축제 같은 분위기를 느낄 수 있게 하자.

주제는 5월이 가정의 달이니 만큼 아이들이 부모님께 마음을 표현할 수 있는 것으로 잡는다. 내가 자주 사용하는 주제는 앤서니 브라운의 그림책 《My Mom》, 《My Dad》다. 유명한 동화 작가의 책이기도 하고, 유튜브에 노래 동영상까지 잘 나와 있기 때문에 아이들에게 가르쳐 주기 어렵지 않다. 초등학생에게 어렵지 않은 어휘와 짧은 문장으로 구성되어 있어서 발표 준비할 때 아이들이 힘들어하지 않는다.

초등 저학년으로 5~6명 정도 팀을 구성하고 발표회를 시작할 때 My Mom, My Dad 노래를 부른다. 초등 고학년들은 학원 교재에서 나온 이야기나 짧은 위인 이야기를 발표하게 한다.

나는 아이들에게 미리 손편지를 받아뒀다가 노래가 끝난 후 참석한 학부모들에게 전달하곤 한다. 손편지 내용은 앤서니 브라운 책의 주제와 같이 "우리 엄마(아빠)는 OOO을 잘해요!"다.

우리 엄마는 김치 볶음밥을 잘해요

우리 아빠는 만들기를 잘해요

우리 엄마는 내 마음을 제일 잘 알아주세요

우리 아빠는 나랑 재밌게 놀아주세요

이런 이야기를 읽어드리며 손편지를 전달하면 가끔 눈시울을 붉히는 학부모가 있을 만큼 부모님에 대한 아이들의 사랑을 보여줄 수 있는 귀한 시간이다. 또 어린이날을 위한 작은 선물을 준비한다. 학원 입장에서 부담 없이 준비할 수 있으면서 받는 사람 역시 부담 없이 기분 좋게 받을 수 있는 선에서 준비하는 게 좋다. 손바닥만 한 수제 쿠키나 예쁜 캔디가 들어 있는 유리병도 괜찮다.

두 번째 발표회 : 여름방학 끝 무렵

내가 매년 여름방학 특강으로 선택하는 과목은 영어원서 읽기이다. 내가 원서 읽기를 택한 이유는 앞에서 설명한 것처럼 이것이 아이들의 영어실력을 좀 더 탄탄하게 키우는 데 도움이 되기 때문이다. 늘 정형화된 교재의 문장을 읽고 문제를 푸는 것도 필요하지만, 원서의 다양한 문장과 풍부한 어휘를 접하면 영어실력을 키우는 데 훨씬 도움이 된다. 단, 아이들이 충분히 읽을 수 있는 쉬운 원서를 택하는 것이 관건이다.

원서 읽기로 수업 커리큘럼을 짤 경우 레벨뿐만 아니라 원서 선정에 대해서도 다양한 견해가 존재한다. 아이들의 학년과 실력에 맞는 원서를 잘 골라야 한다. 어려운 원서를 욕심내서 무리하게 가르치면 오히려 영어에 대한 거부감을 갖게 할 수 있으므로 욕심을 버려야 한다.

방학기간에 우리 학원 아이들은 오전에 영어동화 100, 위인동화 100, 지식동화 100의 영어원서를 읽는다. 유창한 읽기 위주로 점검하고 하루에 2~3개의 이야기를 연습하고 간다. 방학이 끝날 무렵에 발표회 날짜를 정하고, 아이들이 그동안 읽은 동화 중에 하나를 선정하도록 한다. 아이들은 처음에는 짧은 동화 읽기부터 시작해서 점점 높은 수준으로 나아간다. 학부모들 앞에서 자신 있게 짧은 이야기 하나를 발표해 본 아이는 해가 지날수록 점점 높은 수준의 스토리를 발표하게 된다.

세 번째 발표회 : 크리스마스 이브

가장 마지막에 하는 행사는 크리스마스 행사다. 12월 한 달간 크리스마스 분위기로 수업을 이끌어간다. 연말에 하는 행사인 만큼 발표 명단에는 학원의 모든 아이들을 포함해야 한다. 10팀 정도 캐럴을 발표하게 하고, 레벨이 높은 아이들은 간단한 영어 프레젠테이션을 하게 한다. TED강의를 선정할 때도 있고, 학원 교재 중에서 독해 교재를 요약해서 독후감을 발표하게 하기도 한다. 캐럴팀을 정할 때는 아이들이 직접 정하게 하는데 보통 3~5명 정도가 한 팀이 된다. 친한 친구끼리 팀을 이루면 발표 연습도 즐겁게 할 수 있고, 서로 간에 의견조율도 배우는 좋은 기회가 된다. 이 시기가 되면 학원에서도, 가정에서도, 동네 놀이터에서도 우리 학원 아이들이 같은 팀끼리 캐럴을 부르는 모습이 보인다.

발표회 당일 우리 학원에서 크리스마스 캐럴을 들으며 크리스마스 분위기를 한껏 느끼고 간다는 학부모들의 이야기를 들으면 나도 뿌듯하고 행복해진다. 어린이날 발표 때와 마찬가지로 발표 전 아이들에게 영어로 쓴 크리스마스 카드를 준비하게 하면 축제 분위기를 한층 고조시킬 수 있다. 카드에 부모님에 대한 감사의 마음과 함께 받고 싶은 크리스마스 선물도 적게 한다.

이렇듯 발표회는 가장 강력한 내부 홍보다. 내 아이가 능숙하게 영어로 발표하는 모습을 눈으로 직접 보는 것의 홍보 효과는 바깥에 뿌리는 전단지에 비할 바가 아니다. 발표회를 통해 아이들의 학습결과를 직접 보여줌으로써 학부모의 신뢰를 높이고 학원 이탈률을 줄일 수 있다. 또 학원에 대한 아이들의 소속감을 높이고 발표에 대한 자신감도 키워줄 수 있다. 발표 준비를 할 때는 영어학원이기 때문에 아이들 발음 훈련에 특별히 관심을 쏟아야 한다. 좋은 주제, 좋은 분위기도 중요하지만 가장 중점을 두어야 할 점은 아이들의 실력임을 잊지 말자.

발표회, 왜 할까?

프랜차이즈 학원이라고 다 똑같지는 않다. 학원마다 색깔이 다르고 원장이 누구냐에 따라, 교사가 누구냐에 따라 차이가 많이 난다. 특히 행사를 많이 하는 프랜차이즈와 수업만 하는 프랜차이즈는 따로 나뉘어 있지 않다. 각 가맹 학원들의 특징을 알 수 있는 것이 학원의 소소한 행사들이다.

학원 행사는 원장 입장에서는 엄청난 부담이다. 수업만 하는 학원이 운영면에서는 훨씬 편할 수 있다. 행사를 하나 준비하려면 엄청 부지런해야 하기 때문이다. 안내문부터 초대장, 아이들 발표 준비, 노래 선정, 발표 내용 고민 등 할 일이 한두 개가 아니다. 그럼에도 불구하고 나는 학원 행사가 원장의 의무라고 생각한다. 원장과 교사에게는 스트레스를 주지만 결코 행사를 포기하지 않았으면 좋겠다. 귀한 아이를 맡았으니 그 아이에게 한 번이라도 더 기회를 주어야 하지 않을까?

발표회를 1년에 3~4번 정기적으로 진행하면 아이들에게 좋은 점이 많다. 우선 발표를 거듭할수록 아이들의 자신감이 커지고 표현력과 발표력도 생긴다. 처음에는 수줍어하며 겨우 짧은 발표를 마치고 내려오던 어린아이가 3~4년이 지난 후 TED 정도의 강의내용을 발표하는 모습을 보면 정기적인 발표회는 분명히 효과가 있다. 여러 사람들 앞에서 긴장감을 극복하고 짧은 발표를 해냈다는 성취감이 다음 해에 그 아이의 발전을 예약하는 것이다.

어릴 때 내가 주인공이 되는 무대가 많을수록 커서도 자기표현을 할 수 있다. 영화 〈러브 액추얼리〉에서 나무 역할을 하는 아이를 생각해 보자. 작은 역할이지만 그 아이는 나무로 주인공이 되어 무대에 선다. 꼭 큰 무대만 무대가 아니다. 우리 학원 아이들을 한 명 한 명 주인공으로 만들 수 있는 학원 행사는 작더라도 반드시 필요하다.

아이가 영어로 놀 줄 알아야 한다. 팝송도 불러보고, 영어 뮤지컬도 해보고, 스토리 발표 정도는 해봐야 한다. 언어는 문화이기 때문이다. 교재로만 배운 영어, 학교 시험을 위한 영어만으로는 진짜 언어로서 영어를 경험할 수 없다. 영어로 발표하는 기회가 늘어날수록 아이들은 영어를 공부가 아닌 언어로서 체험하게 된다.

발표회를 하면 학원에도 좋은 점이 많다. 직접 학부모 앞에서 아이들의 수업 결과를 보여주기 때문에 학원에서 제대로 가르치고 있다는 최고의 홍보수단이 된다. 아이들끼리도 서로 친해져서 학원에 소속감이 생긴다. 그리고 발표회마다 아이들은 학원 내에서 롤모델을 찾기도 한다. 발표를 잘하는 선배들을 보며 나도 저렇게 하고 싶다는 생각을 하게 된다. 발표회를 통해 짧은 동화도 외워보고 캐럴도 부르며, 매일 수업만 하는 학원이 아니라 생동감 있게 살아 움직이는 학원이라는 이미지를 학부모에게 전달할 수 있다.

시험을 봐야 하는
진짜 이유

- - - - - - - - - - - - - - - - - -

'시험 없는 세상에서 살아보고 싶다.'

어릴 때 누구나 한 번쯤 생각해 본 일이 아닐까? 나도 그랬다. 시험 전날만 되면 시험이 없었으면 좋겠다고 생각했고, 성적표가 나오는 날 시험 없는 세상은 없을까 하고 바랐다. 그런데 요즘 그 꿈이 이루어졌다. 요즘 초등학교에서는 중간고사나 기말고사라고 불리던 시험이 없어졌다. 중학교 1학년도 자유 학년제가 되어 예전에 보던 시험을 보지 않는다. 그런데 시험 없는 세상이 왔다고 우리 아이들이 더 행복해졌을까?

시험은 아는 것과 모르는 것을 구분해 준다

중학교 시험기간이 되면 중학생들에게는 시험범위가 생긴다. 시험기간에는 공부를 잘하는 아이든 공부를 못하는 아이든 교과서도 다시 보고 문제집도 풀고 배운 내용을 다시 한번 정리하며 공부라는 걸 한다. 수업 중에 수시로 보는 단원평가보다 범위와 정리해야 할 중요한 내용이 훨씬 많다. 시험을 본 뒤 채점해 보면 모르는 문제와 아는 문제를 구분할 수 있다. 실수를 했건, 개념이 헷갈렸건 틀린 문제는 모르는 문제로 봐야 한다. 시험은 내가 뭘 알고 뭘 모르는지 알려주는 수단이다.

열심히 공부하는데 성적이 안 좋은 아이들이 꼭 있다. 문제는 시험이 아니다. 시험 후의 성적표와 학부모의 반응이 문제다. 등수가 찍힌 성적표를 본 학부모의 표정에 짜증이 묻어나면 학생들은 슬프다. 왠지 엄마 아빠한테 착한 아이가 아닌 것 같고 미안해진다.

"준혁아, 100점 받고 80점 받은 게 중요한 게 아니야. 틀린 문제가 뭐였는지만 엄마한테 말해줄래?"

아들이 초등학교 받아쓰기에서 20점, 30점을 오가다가 처음 80점을 받은 날 내가 아들에게 해준 말이다. 기쁜 표정으로 세상을 다 얻은 듯 80점 받았다고 자랑하는 아이에게 애썼다고 격려도 해주었지만, 오른 점수만 칭찬하지는 않았다. 점수에 초점을 두고 기뻐하면 다음번에 70점 받은 아이가 풀이 죽어 들어올 것이기 때문이다.

아이의 실력을 정확히 모르는 부모들이 많다
요즘 초등학생과 학부모를 상담해 보면 아이의 정확한 영어실력을 잘 모르는 경우가 많다. 아이가 영어 단어를 읽지 못하는데 잘한다고 생각하는 부모도 있고, 영어를 꽤 잘하는 아이인데도 중학교 선행이 아직 안 되었다고 불안해한다. 예전에 초등학교에서 중간고사나 기말고사를 볼 때는 적어도 학교 영어점수가 좋은지 안 좋은지를 알 수 있었는데, 이제는 그게 없으니 중학교 전에 불안감이 급증하는 것이다. 그래서 영어학원 레벨에 더 의존하고 커피숍에서는 엄마들끼리 영어학원 정보를 주고받는다.

"A영어학원 Advanced 레벨은 영어로 발표 수업을 한대."
"우리 딸은 이번에 학원 레벨 테스트 떨어졌잖아."
"B영어학원은 6학년 때 중학교 문법을 끝내 준다던데."
"정은이는 어느 영어학원 다녀? 발음이 좋아졌더라."

내 아이의 수준을 정확히 모르고, 옆집 아이의 영어실력을 부러워하며 잘하는 아이가 다닌다는 학원에 내 아이를 보내곤 한다. 하지만 그 영어학원에 간다고 해서 잘하는 옆집 아이와 같은 클래스가 되는 일은 거의 없다. 그러므로 학원에서 아이의 정확한 실력을 학부모에게 알려주는 게 중요하다.

"학교 영어는 쉽잖아요."

상담할 때 학부모로부터 많이 듣는 말인데, 실제로 초등 5, 6학년이 되면 학교 영어도 그리 쉽지 않다. 한 문장에 9단어가 들어가 문장 길이도 길어지고, 단락 읽기가 등장하기 때문에 중학교 1학년 교과 수준과 바로 연계가 된다. 초등학교 영어는 쉽고, 중학교 영어는 어렵다고 얘기하는 학부모들에게 나는 상담 때 초등학교 교과서 지문이나 듣기 스크립트를 들려준다. 그러면 아이가 교과서 내용을 제대로 따라 하지 못하는 모습을 보고 실제로 놀라는 학부모도 많다. 이런 경우 나는 학부모 핸드폰에 디지털 교과서 2018 앱을 깔아주고, 학원을 안 다니더라도 학기마다 디지털 교과서를 공부하고 교과서 평가 문제집 1권 정도는 풀게 하라고 권한다.

모든 학생에게 시험 보게 하기

나는 외부에서 보는 시험인 영작대회건 문법대회건 레벨이 되는 아이들은 모두 내보낸다. 다른 학원에서 3~4명 정도 잘하는 아이가 가는 시험을 우리 학원에서는 거의 절반이 나간다. 대형버스를 예약하고 시험 후에 자장면까지 사 먹인다. 대회 전에는 1개월 정도 숙제를 관리하며 시험을 대비한다.

교사들 입장에서는 실력 좋은 아이 몇 명만 추려서 관리하면 편한데, 실력이 부족한 아이들까지 관리하자니 너무 힘들어한다. 어차피 상 받을 아이는 뻔한데 자꾸만 많은 아이들을 대회에 내보내려는 나를 이해하지 못한다. 아이도 힘들고 선생님도 힘든데 왜 시키느냐는 거다.

"시험결과가 중요한 게 아니라, 시험공부하면서 그 아이의 실력이 늘 잖아요."

그때마다 내가 선생님들을 설득하는 말이다. 시험공부라는 이름으로 프린트 몇 장을 더 풀고 1개월만 꾸준히 관리하면 평소 실력보다 한 단계 올라가 있는 것을 확인할 수 있다.

시험이 끝나면 그 아이의 현재 실력을 확인할 수 있다. 성적이 안 나왔더라도 뭐가 부족한지, 무엇을 보충하면 되는지 알 수 있는 중요한 데이터가 쌓이는 것이다. 그리고 다음번 시험을 보면 이 아이가 얼마나 실력이 올라갔는지도 알 수 있다. 원장 입장에서는 한두 명이 상을 받아오는 것만큼이나 중요한 일이다.

"어머님, 이번에 승원이가 문법대회에서 중급 레벨인데 82점이 나왔어요."
"82점이 잘한 건가요? 90점 이상만 상을 받는다면서요?"
"작년에 승원이 중급 레벨 처음 시험 봤는데 57점이었잖아요. 작년보다 많이 오른 거죠."
"아, 그랬나요?"
"작년보다 좋아졌다고 칭찬 많이 해주세요. 상은 내년에 받으면 되죠."

시험이 끝나면 항상 그 아이의 지난번 성적과 비교하며 상담한다.

90점 이상인 아이들은 상을 받아서 좋지만, 상을 받지 못하더라도 실력이 향상되어 칭찬받는 많은 아이들이 생긴다. 상담할 때는 어제보다 조금 더 성장한 오늘의 성적에 관심을 가지고 칭찬해 주라는 말을 잊지 않는다.

아이가 잘 해낼 때까지
기다려 주기
- -

"안녕하세요!"

"어! 은지야, 안녕?"

은지는 내 앞에서 슬로우 비디오의 한 장면처럼 가방을 내려놓더니 한동안 가방을 뒤적거렸다.

"선생님, 필통을 안 가져왔어요."

"선생님이 준비물은 꼭 챙겨오는 거라고 했지? 벌써 여러 번이잖아. 펜도 없이 학원을 오면 어떡해."

싫은 소리를 한마디 하고 볼펜을 빌려주고 나니, 은지는 가방에서 또 무언가를 찾는 듯 뒤적거리며 수업을 시작하지 못했다.

"은지야, 왜? 수업 시작해야지!"

"선생님, 헤드셋이 없어졌어요. 분명히 가방에 넣은 것 같은데."

"선생님이 빌려줄게. 얼른 수업 시작하자."

결국 은지는 학원에 도착한 지 20분이 지난 후에야 교재를 펼쳤다. 많은 아이들이 들어오기 시작했고, 교실은 금방 꽉 차버렸다. 일찍 학원에 온 은지는 수업 시작도 늦었고, 수업 점검도 느렸으며, 수업도 늦게 끝났다.

"은지야, 학원에 제일 일찍 왔는데 제일 늦게 끝났잖아. 준비물 좀 잘 챙기고, 수업 점검 받을 때도 빨리 좀 하자."

학원에서 늦게 끝나서 풀이 죽은 아이에게 참지 못하고 한마디 한 후 다시 한번 반성했다. 은지를 조금 더 챙겨줄걸, 안 바쁠 때 수업 준비 좀 도와줄걸 하고 말이다.

어느 학원이나 느린 아이는 있다

아이를 기다려주기, 학부모 모임 때마다 내가 하는 말이다.

"어머님, 아이를 좀 기다려주세요. 처음엔 느려 보여도 길게 보면 안 그래요. 꾸준히 느린 아이가 더 좋은 결과를 얻는 경우도 많거든요."

그런데 막상 나는 집에서도 학원에서도 가끔 아이들을 기다려주지 못하는 나쁜 엄마, 나쁜 선생님이 되어버린다. 13년이 지난 지금 생각해 보면 많은 아이들이 한때는 느렸고, 한때는 머리가 나쁜가 싶을 정도로 문법 이해를 어려워했고, 어느 순간엔 단어 스펠링을 유독 어려워하기도 했다.

그런데 3년에서 4년가량 데리고 있으면 언제 그랬나 싶을 정도로 의젓하게 자기 수업을 해낸다. 어릴 때 너무 빠른 아이, 느린 아이가 꾸준한 학습을 거친 후에는 비슷한 결과를 내는 것이다. 특히 초등학교 저학년부터 시작했을 때 그런 경우가 더 많다. 남학생과 여학생 차이도 있고, 집에서 첫째 아이와 막내 아이의 차이도 보인다.

학부모들은 형제 중에 유독 빠르다며 자랑하기도 하고, 배우는 게 느리다고 걱정하기도 한다. 하지만 아이들을 가르쳐 보니 그런 것은 중요하지 않다. 우리 아이들은 초등학교 1학년부터 고등학교 3학년까지 12년을 공부한다. 그 긴 시간 동안 어느 순간에는 느리고, 어느 순간에는 빠를 수 있지 않을까? 얼마나 꾸준히 학습을 이어가게 하고, 얼마나 기다려 줄 수 있는지가 부모와 학원의 숙제인 것 같다.

"우리 엄마가 한 개만 맞으랬는데요?"

첫아들 준혁이가 초등학교에 입학하자 나는 엄마로서 마냥 기특했다. 교육관이 뚜렷하거나 아이 교육문제로 진지하게 고민해 본 적도 없고, 초등학교에 들어가기 전까지 영어는 물론 한글도 떼지 않고 보냈다. 첫 알림장을 써왔는데 아이 혼자 교실에 남아서 한글을 그리고 왔다고 나중에 전해 들었다. 드디어 첫 받아쓰기를 보는 날.

"준혁아, 한 개만 맞자. 엄마 다 괜찮은데 빵점은 좀 그래."
"왜?"
"음… 선생님이 슬퍼하실 거야. 엄마도 열심히 가르친 학생의 점수가 안 좋으면 속상하거든."

첫 받아쓰기 전날 아이와 나눈 대화다. 아이를 데리러 학교 앞에 갔는데 몇몇 아이들은 나한테까지 기쁨을 감추지 못하며 "저 백점이에요!"라고 외쳤다. 우리 아들을 찾고 있는데 하필 담임선생님을 먼저 마주쳤다. 선생님은 날 보자마자 대뜸 내 손을 잡았다.

"어머님! 준혁이 몇 점 받은 줄 아세요?"
"한 개는 맞자고 그랬는데 많이 못 봤나요?"

기어들어가는 목소리로 대답하니 선생님은 호탕하게 웃었다.

"하하하, 준혁이랑 엄마랑 똑같네요. 준혁이가 '아싸! 엄마가 하나만 맞으랬는데 두 개 맞았다'라고 하더라고요. 엄마만 괜찮으시다면 뭐."

순간 드는 생각은 '그래도 서너 개는 기대했는데 정말 두 개 맞았네'였다. 그날 밤 아들에게 말해줬다.

"준혁아, 오늘 백점 맞은 아이는 다음에 90점 맞으면 슬플 거야. 다 맞을 수 있었는데 하고 속상해할지도 몰라. 하지만 넌 앞으로 더욱 좋아질 거야. 그러니 얼마나 신나는 일이야."

나도 옛날에 빵점을 받아본 적이 있었나? 지금 생각하면 빵점이라는 기억도 좋은 추억일 수 있었겠다 싶다. 그때 이렇게 웃어넘길 수 있었다면 얼마나 좋았을까. 우리 세대는 빵점을 받을까 봐 두려워하며 공부했던 것 같다. 지금 빵점이면 어떤가? 앞으로 계속 빵점이 아니면 되지! 우리 아이는 첫 받아쓰기를 20점으로 시작해서 100점을 받기도 하고, 80점을 받기도 하며 1학년을 마쳤다.

"엄마! 2학년은 받아쓰기 예고를 안 해주고 그냥 보더라고."

아이가 갑자기 받아쓰기 얘기를 하길래 점수를 물어보니 30점을 받았다고 한다.

"괜찮아. 다음에는 이거보다는 잘 볼게."

쿨하게 웃는 아이를 보며 화를 내볼까 고민하기도 하지만, 그래도 조금 더 기다려주는 엄마가 되어보자고 다짐한다.

"선생님! 저 영어 망쳤어요. 어떡해요?."

"뭘 어떡해! 이미 끝난 시험을. 그리고 아직 시험기간이잖아. 내일 시험 준비나 잘해!"

학원은 아이들 시험점수에 울고 웃는 곳이다. 시험기간에 아이들과 엄청 열심히 시험공부를 하지만, 실제로 시험이 끝난 날은 아이들에게 부담을 주지 않으려고 한다. 그러나 내가 쿨하게 넘긴다고 아이들의 걱정이 사라지는 건 아니다. 집에서 부모님에게 혼날까 봐 어깨가 축 처져서는 집을 향한다. 시험 한 번 못 봤다고 세상이 끝나는 건 아니라고 모든 학부모들이 알고는 있다. 하지만 실제로 나쁜 시험점수에 웃을 수 있는 학부모는 드물다. 기다려주기는 어른들이 참 하기 힘든 숙제인가 보다.

어린이날 발표, 어떤 내용으로 준비할까?

초등학교 1~2학년 레벨의 아이들: Do-re-mi song

초등학교 3~4학년 레벨의 아이들: Annie Tomorrow

초등학교 5~6학년 레벨의 아이들: 라푼젤, 미녀와 야수, 레미제라블 등 영화나 애니메이션 OST

김연아, 방탄 소년단 연설문 등

크리스마스 발표, 어떤 내용으로 준비할까?

초등 1~2학년 레벨의 아이들: We wish you a Merry Christmas (제일 쉽다!)

초등 3~4학년 레벨의 아이들: Jingle bell, Santa Claus is coming to town

초등 5~6학년 레벨의 아이들: Santa tell me, Last Christmas(남자아이들), All I want for Christmas is you

TED강의: 레벨이 높은 아이들은 짧게 TED강의를 하기도 한다. 스크립트가 길기 때문에 보통 3~4명으로 팀을 짜준다. 스크립트 해석을 도와주고, 한 문장씩 따라 하게 한 후에 전체 스토리를 쉐도잉(음성과 동시에 따라가기)으로 훈련한다.

원서 리딩 발표 예시

영어동화 100, 위인동화 100, 지식동화 100의 짧은 이야기를 발표한다. 중·고등학교 교과서 본문도 좋은 발표 스크립트가 될 수 있다.

발표 스크립트 짜기 좋은 《어린왕자》 챕터

보아뱀 이야기(1인 발표)

어린 왕자가 여러 별에서 만난 사람들(2인 발표)

여우와 어린 왕자의 대화(3인 발표, 해설, 어린 왕자, 여우)

일기나 편지 형식의 원서 챕터

안네의 일기

키다리 아저씨

행복한

엄마가 행복해야 아이도 행복하다

원장님은 딴짓 중

우리 동네가 좋다! 우리 아이들이 좋다!

지치고 지친 나를 달래는, 나만의 힐링 노하우

엄마의
행복한 도전

엄마가 행복해야
아이도 행복하다

나는 13년간 학원을 운영해 왔다. 내가 끊임없이 일하는 이유는 누구보다 나 자신이 행복해야 한다는 생각 때문이다. 남편과 아이들은 나에게 기쁨을 안겨주었지만, 가끔 남편과 아이들에게 실망할 때면 우울감이 넘쳤다. 아무리 가족이라고 해도 타인이 나의 행복감과 불행감을 좌우하는 게 싫었다. 그래서 내가 중심인 삶을 살기 위해 결혼한 뒤에도 지금까지 일을 한 번도 손에서 놓지 않았다.

학원을 운영하며 두 아이를 출산했고, 집과 학원을 오가며 많은 고민을 하기도 했다. 아무리 뚜렷한 주관을 가지고 일한다고 한들 고민이 안 되는 건 아니니까. 아이들이 아직 너무 어리니 일하는 엄마로서 항상 미안함을 느껴야 했고, 가정에 더 충실해야 하는 게 아닐까 하고 갈등을 거듭해야 했다. 학원을 그만두고 싶은 힘든 순간들이 정말 많았다.

'일보다 아이가 우선'이라는 말

"어머님, 직장이 인천이고, 집이 일산인 거예요? 1학년이 얼마나 중요한 시기인 줄 아시죠? 준혁이가 좀 느리잖아요. 아직 한글도 모르고, 글 읽는 것도 너무 느려요. 솔직히 어머님이 제 동생이라면 일을 접으라고 했을 거예요. 아이가 우선이어야죠."

첫아이의 초등학교 1학년 첫 상담에서 담임선생님에게 들은 말이다. 학교 교문을 나서는데 눈물이 왈칵 쏟아졌다. 아이 교육에 대해 나름대로 기준을 가지고 있다고 생각했는데, 베테랑 학교 선생님의 충고를 듣자 내가 틀린 게 아닐까 하는 불안감이 들었다.

'한글 학습지라도 할 걸 그랬나.'
'책을 좀 읽어줬어야 했나.'
'교과서를 한 권씩 더 사서 예습을 시킬걸.'

별 생각이 다 들었다. 그런 고민도 잠시, 학교 상담 때문에 시간이 지체되어 허둥지둥 운전해 가서 학원 문을 열었다. 그 순간 나는 환하게 웃으며 아이들을 맞이하는 학원 원장님으로 돌아갔다. 학원 아이들과 씨름하며 하루가 순식간에 지나갔고, 집에 돌아가자 나의 예쁜 아이들이 나를 꼬옥 껴안으며 맞아주었다. 언제 그런 고민을 했나 싶을 정도로 나는 나의 하루에 충실했고, 우리 아이들도 자신들의 하루에 충실했다.

"준혁아, 오늘도 알림장 쓰는 거 힘들었어?"
"응, 나 혼자 남아서 쓰긴 했는데 다 썼어."
"잘했네. 저번엔 두 줄에 글씨를 대문짝만하게 쓰더니, 이젠 한 줄에 글씨가 다 들어가네."

나와 아이는 남들이 들으면 말도 안 되는 대화를 나누었고, 아이는 자랑스럽게 알림장을 가방에 집어넣으며 엄마한테 칭찬받았다고 좋아했다.

엄마들은 아이가 젖먹이일 때는 모유수유와 이유식에 전전긍긍하고, 아이가 어린이집에 가면 안전문제로 불안해한다. 유치원에 가면 아이들과 잘 어울리는지, 지금쯤 학습을 시작해야 하는지 고민한다. 그리고 초등학교 1학년이 되면 아이의 공부가 혹시라도 뒤처질까 싶어 불안해지고, 직장 생활을 하는 엄마들은 그동안 버티던 직장을 포기해야 할지를 두고 고민한다.

이렇게 엄마들은 아이들의 일거수일투족에 노심초사하며 자신의 일을 포기해야 할까 고민하는 반면에 정작 아이들은 열심히, 즐겁게 자기 삶을 살아간다. 순간순간을 즐거워하고 호기심을 발휘하며 때로는 부딪치고 넘어지기도 하지만 자신이 가야 할 길을 간다. 매일 매일 자라기를 멈추지 않는다.

문제는 아이가 아니라 엄마다. 아이와 엄마를 괴롭히는 불안감을 던져버려야 한다. 아이에게 온통 박혀 있는 시선을 떼어 엄마 자신에게 돌려야 한다. 나는 이것이 엄마와 아이 모두를 행복하게 하는 일이라고 믿는다.

아이의 공부에 전전긍긍하기보다 엄마가 스스로 하고 싶은 일을 찾아 몰두하자. 여기서 일이란 꼭 돈 버는 일을 말하는 게 아니다. 엄마가 하고 싶은 일이라면 무엇이든 다 해당된다. 공부, 독서, 요리, 운동 등등 관심을 갖고 집중할 수 있는 일은 어마어마하게 많다. 나처럼 창업하고 싶은 사람이라면 창업해도 좋다.

엄마도 자신의 세상을 살자

"기분 나쁘게 내가 어떻게 지킨 직장인데 이제 와서 기어 나와. 기어 나오길!"

얼마 전 〈로맨스는 별책부록〉이라는 드라마에서 재취업하려는 경력단절 여성인 주인공에게 여성 상사가 하는 말을 듣고 놀랐던 기억이 난다. 나도 아이들을 키우며 학원 운영이 힘들었던 시기에 자꾸만 도망치고 싶었던 경험이 있다 보니 그 자리를 지키는 마음이 얼마나 간절한지 모르진 않는다. 그러나 주위를 둘러보면 아이가 어릴 때 어쩔 수 없이 일을 그만두어야 하는 경우도 많았다. 이제 아이가 어느 정도 컸다면 내 일에 대한 고민도 다시 해보길 바란다.

내가 학원 창업을 엄마와 아이가 모두 행복해지는 창업으로 조심스레 제안하는 이유는 두 가지다.

첫째, 끊임없는 공부로 평생직장을 찾을 수 있기 때문이다. 지금은 학교를 졸업했다고 끝이 아니라 평생 공부해야 하는 시대다. 학원은 내가 계속 공부할 수 있는 일이고 계속 성장할 수 있는 일이다. 내학원에서 몸으로 직접 배운 나만의 노하우는 나를 점점 강하게 만들어 주고, 그 노하우를 쌓아 평생직장을 가질 수 있다.

둘째, 엄마가 자신의 세상을 열심히 살며 아이에게 열심히 사는 자세를 물려줄 수 있기 때문이다. 학원에서는 내 아이만 보는 것이 아니고 더 많은 아이들을 만난다. 그러니 내 아이만 바라보며 '느린 것이 아닐까? 부족한 것이 아닐까?' 하고 노심초사하는 시간이 자연스레 줄어든다. 옆집 아이와만 비교하며 아이를 키우면 어느 순간 나와 아이는 없어지고, 내 아이 성적만 바라보게 된다. 더 넓은 눈으로 내 아이가 다른 아이와 어울려 살아갈 세상에 도움이 되는 존재가 될 수 있고, 나와 내 아이가 함께 성장할 수 있는 곳이 학원이라고 생각한다. 아이에게도 스스로 자기만의 세상을 만들어 가는 능력을 키워줘야 한다.

요즘 엄마 자존감이라는 이슈가 핫하다. 엄마가 행복해야 아이가 행복하다. 내 아이 학교 성적이, 아이 출신 학교가 나 자신이 될 수는 없다. 아이로부터 눈을 돌려 나를 바라보자.

나는 나만의 인생을 살아가는 내가 좋다. 처음엔 가족을 위해, 내 아이들을 위해 돈을 벌고 싶었던 것이 가장 큰 이유였지만 일하면 할수록 내가 행복해지는 게 우선이라는 생각이 든다. 내가 행복하면 내 가족에게도 그 행복감이 전달되고, 결국 모두 다 행복해진다.

원장님은
딴짓 중

- - - - - - - - - - - - -

학원을 시작한 후 나는 딴짓을 많이 한다. 중·고등학교 시절에는 학원도 잘 안 다녔고 피아노, 태권도, 미술 등 뭐 하나 꾸준히 배운 것이 없었다. 그런 내가 학원을 하면서 온갖 곳을 다 기웃거려 봤다. 엄청 비싼 수업료를 내고 부자 강의도 들어보고, 아이들을 가르치며 인문학에도 관심이 생겨 한동안 《맹자》를 들고 다니며 독서토론을 다녔다. 혼자 학원 교재로 영어공부를 한 후에는 사이버 외대 영어과에 편입했고, 영어과를 졸업한 뒤 지금은 중국어과에 등록해서 중국어를 공부한다. 한동안 몸이 아프면서 자연 치유법을 가르쳐 준다는 수업도 들었고, 학원홍보를 가르쳐 준다는 블로그 교육도 여러 번 들었다. 그리고 글쓰기를 배우기 위해 비싼 수업료를 내고 글쓰기 수업을 들었고 지금 이렇게 책을 쓰고 있다. 내가 배우는 일에 이토록 관심이 많았나?

학원 특성상 원장은 오전 시간이 자유롭다. 이 시간을 얼마나 효율적으로 사용하는가에 따라 자신만의 경쟁력이 생긴다. 대부분의 학원이 늦게까지 수업하기 때문에 원장과 교사들은 오전 시간에 따로 뭔가 하기를 부담스러워하는 것이 사실이다. 그런데 이 시간을 잘 활용하면 원장이 한 단계 더 성장할 수 있다. 요즘은 조금만 관심을 가지면 공부할 곳이 엄청 많다. 꼭 오프라인 모임이 아니라 유튜브나 사이버 강의로도 필요한 지식을 쌓을 수 있기 때문이다.

학원에서 아이들을 만나며 매일 갇혀 있다 보면 시야가 굉장히 좁아진다. 아이 같아진다는 뜻이다. 덜 늙고 조금은 순진하게 세상을 살 수 있으니 나쁘지는 않다. 그러나 아이같이 산다고 내가 아이는 아니지 않은가? 뭔가 세상을 배울 통로는 꼭 필요하다. 원장의 딴짓은 그래서 필요하다.

배우지 않으면 도태된다

바야흐로 디지털 세상이다. 디지털 세상에서 가장 필요한 것은 영어와 컴퓨터라고 한다. 불행히도 난 영어도 싫어했지만 컴퓨터는 더 싫어했다. 새로운 기능이라면 다 싫었다. 컴퓨터를 켜면 메일 확인과 네이버 뉴스 확인 외에 할 일이 없고 핸드폰을 켜도 통화기능, 문자기능 외에는 게임도 안 한다.

초창기에 우리 학원에서는 아날로그의 끝이라고 할 만한 카세트 테이프로 수업을 했다. 다른 프랜차이즈들이 컴퓨터니 CD니 매체를 바꿀 때도 테이프로 수업을 해서 학부모들이 깜짝 놀랄 정도였다. 아직도 이런 것으로 수업하느냐며 세련되지 못하다는 식의 반응이 나오기도 했다. 그런데 난 그게 좋았다. "공부는 아날로그로 하는 거지"라며 은근히 테이프로 수업하는 것을 자랑하고 다녔다. 우리는 이렇게 수십 번을 일시 정지하며 영어를 따라 하는 학원이라고 말이다.

하지만 어느 날 갑자기 본사에서 태블릿으로 학습 매체를 바꾼다고 통보해 왔다. 영어학원은 10년만 하고 그만둬야지 할 때였는데 태블릿으로 바뀌기 전에 그만뒀어야 했나 하며 뒤늦게 후회했다. 터치도 익숙하지 않았고 태블릿 화면만 봐도 머리가 아팠다. 아이가 뭐가 안 된다며 태블릿을 들고 오면 짜증만 나고 대부분은 내가 해결할 수 없는 문제였다. 당시 학습 매체를 바꾸는 문제로 많은 원장들이 불만을 갖고 있었고, 잘 가르치면 됐지 무슨 태블릿으로 수업을 하느냐며 항의하는 분들도 있었다.

그렇게 매체가 바뀌고 3년이 지났다. 지금은 이 태블릿 없이 어떻게 수업을 했나 싶다. 학원 원장들은 고집이 세다. 나름대로 교육관도 확고하고 본인의 스타일을 잘 바꾸려 하지 않는다. 나도 그랬다. 고인 물은 썩는다고 하지 않는가? 나도 고여 있다가 썩을 뻔했다. 학원을 운영하려면 자꾸 무언가 변화를 시도해야 한다. 그래야 뒤처지지 않는다. 그게 용기고 우리 아이들에 대한 예의다. 어쨌든 나보다는 미래를 살아갈 아이들이니까.

우리 동네가 좋다!
우리 아이들이 좋다!

다른 과목에 비해 영어과목은 약간 고급스러운 포장지로 포장되어 있는 것 같다. 강남 대치동에서 성공했다더라, 목동에서 이름난 원장이 왔다더라, 분당에서 먹힌다더라…. 이런 카피가 매력적인 학원이 영어학원이다. 그래서 먼 동네까지 차를 태워 학원에 보내고 수준과 레벨을 맞추기 위해 우리 동네가 아닌 옆 동네를 가는 게 아닐까?

학원 원장들 중에도 그런 분들이 있다. 이 동네 교육수준이 떨어져서, 여기 애들이 공부를 못하니까, 여기 엄마들이 뭘 잘 모르는 것 같다는 얘기를 하는 것이다. 물론 경력도 있고 영어도 잘하는 원장의 경우다. 내가 잘 몰라서 그런 건지 난 우리 동네가 못하는 동네라고 생각해 본 적이 없다. 그리고 약간의 자부심까지 가지고 있다. 멋진 동네다!

내 학원이 있는 동네를 사랑해야 한다

창업 초기 어렵게 구한 학원 자리여서 그런지 나는 처음부터 우리 학원 위치가 마음에 쏙 들었다. 우선 학교와 아파트 단지가 가깝고 상가가 모여 있는 곳인 데다 술집이 거의 없다. 오래된 동네여서 가로수들이 엄청 크고 울창하며 아파트 간 간격도 넓어서 곳곳에 나무들이 많다. 바로 옆에 큰 공원 산책로가 있고, 우리 학원 바로 앞에는 아이들이 자주 가는 기적의 도서관도 있다. 큰 체육관도 있고 큰 수영장도 있다. 정말 아이들 키우기에는 최고의 동네라고 선생님들과 이야기할 정도다.

다른 지역 원장님들이 우리 학원을 방문할 때마다 놀라는 것이 어떻게 아이들이 이렇게 순하고 착하냐는 것이었다. 교복을 입고 오는 중학생들도 피식 웃음이 날 정도로 예쁘고 어린애 같다.

학원은 그 동네에서 둥지를 틀고 그 동네 아이들과 엄마들을 만난다. 착하고 예쁜 아이들을 우리 학원에 보내는 엄마들은 내가 초보 원장일 때부터 내 말을 경청해 주고 나의 성장과 함께해 주었다. 첫째가 4학년일 때 처음 만났는데, 지금은 셋째의 손을 잡고 상담을 오는 경우도 있다. 우리 학원을 졸업한 아이의 친척 동생이라며 우리 학원에 등록하기도 한다. 내가 우리 동네를 좋아한다는 걸 엄마들도 아는 것 같다. 우리 학원 교사들도 모두 우리 동네와 인연이 되어 만난 분들이다. 사람들은 자신에게 애정을 가진 사람을 믿기 마련이다. 그래서 그 동네를 사랑해야 하는 건 원장의 절대적인 조건이다. 나는 우리 학원이 있는 우리 동네가 정말 좋다.

'내 아이의 문제를 완전히 책임진다는 것!'

《호오포노포노의 비밀》이라는 책을 보고 내가 내세운 우리 학원의
슬로건이다. 절대 아이 탓하지 말고, 학부모 탓하지 말고, 내 아이처
럼 내가 책임지겠다는 마음으로 정했다.

"이 아이가 내 아이라면, 이 학원에 보낼까?"

이 질문에 항상 "물론이지"라고 대답할 수 있을 때까지 학원을 운
영하려고 한다. 내가 사랑하는 동네에서 내가 사랑하는 아이들에게
꼭 영어 성공이라는 선물을 안겨주고 싶다.

지치고 지친 나를 달래는
나만의 힐링 노하우

"학원을 그만하고 싶어요."

둘째 아들이 태어나고, 두 번째 학원을 시작한 지 얼마 안 되었을 때 일이다. 집에는 세 살 아이와 갓 태어난 아기가 있었고, 친정엄마가 아이들을 봐주신다고 우리 집에 와 계셨다. 부모님은 나 때문에 주말부부 생활을 해야 했고, 동생까지 누나를 도와주며 학원 일을 배운다고 우리 집에서 살았다. 학원에서 교사들은 계속 바뀌었고, 나는 아침부터 저녁까지 두 학원을 오가며 수업에 홍보에 상담에 지쳐갈 때였다. 남편은 과장 진급을 앞두고 예민해져 있었고 회식도 잦았다. 학원을 운영하며 가장 힘든 시기였다.

지역 담당 사장님을 찾아가서 내 입으로 처음 못하겠다고 이야기했다. 내 사정을 아는 사장님은 내가 하고 싶은 대로 하라고 했다. 그러면서 한마디 덧붙였다.

"지금 시간을 잘 버티면 좋아질 거야. 근데 지금 못 버티면 다시 시작하긴 힘들어."

그 한마디에 눈물이 핑 돌았다. 너무 힘들어서 죽을 것 같았는데, 생각해 보니 여기까지 오는 데도 쉽지 않았고 잘 버틴 거였다.

학원과 집의 거리가 필요하다

그때부터 나는 주말이면 떠났다. 그전까지는 주말에도 학원에 가서 교재를 풀었고, 동네를 다니며 전단지를 나누어줬다. 그런데 그 일이 있고 나서 금요일 저녁이면 그냥 무작정 차를 몰고 도망치듯 바닷가로 갔다. 한 달에 세 번이고 네 번이고 갔다. 주말까지 내 머릿속에 있는 학원 일이 너무 싫었다. 남들은 너무 열심히 돈 버느라 쓸 시간이 없어서 돈이 모였다는데 나는 그때부터 버는 족족 다 썼다. 이렇게 열심히 일했는데 이거라도 해야지 하며 가고 싶은 곳, 먹고 싶은 것, 갖고 싶은 것 다 하고 살았다. 현남 IC를 지나면 처음 보이는 바다 빛을 아직도 잊을 수가 없다. 봄 바다, 여름 바다, 가을 바다, 겨울 바다를 다 보고 살았다. 남편과 나의 유일한 위안이었다. 바다 냄새와 바다 빛은 나에게 위로를 주고 고생했다는 칭찬을 들려주는 오직 하나뿐인 존재였다.

회사 다닐 때 나는 퇴근하면 회사 일은 회사에 놓고 나왔다. 마음껏 데이트도 하고, 여행도 다녔다. 그런데 학원 원장이 되고부터는 퇴근했는데도 계속 학원 일을 머릿속에 달고 살았다. 3년 내내 우리 집에는 전단지가 쌓여 있었고, 쉴 때는 그거라도 접고 있어야 마음이 편했다. 오죽하면 우리 큰아들이 엄마 옆에서 고사리 손으로 전단지를 같이 접어주었을까. 그런데 학원을 그만둘 뻔했던 그날 이후로는 전단지를 집에 들고 오지 않았다. 학원 근처에서 살다가 다른 지역으로 이사 간 것도 그때였다. 나에게는 학원과 집의 거리가 필요했다.

고작 2일인 주말을 기다리며 5일을 희생하는 사람은 어리석은 사람이라고 한다. 그러나 다르게 생각하면 그 고작 2일을 위해 미친 듯이 5일간 집중해서 일할 수 있는 것이 아닐까? 그때부터 난 금요일 밤부터 설레었고 다음 날이 되면 우리 네 가족은 무조건 떠났다. 여행지에서는 일상이 그리 중요하지 않다. 학원에서 속상한 이야기, 회사에서 있었던 안 좋은 일, 아이들 학교 문제는 잠깐 잊어버리게 된다. 차에서 음악 들으며 수다도 떨고 맛있는 음식을 먹고, 보이는 바다에 그냥 뛰어들기도 하며 아이들과 함께 시간을 보냈다. 그래서 나에게 최고의 친구는 아이들이고 남편이다.

실제로 학원일과 가정 사이에서 고민하는 원장들이 많다. 자꾸 우왕좌왕하면 일도 안 되고 가정도 힘들어진다. 어차피 열심히 해야 하는 일이라면 열심히 일하고, 그 사이에서 특별한 휴식을 찾는 것은 본인의 몫이다.

두 마리 토끼? 못 잡는다!

"엄마는 요리를 잘 못하니까."

학원까지 쉬고 모처럼 아이들과 시간을 보낸다며 열심히 만들어 준 떡볶이를 먹더니 준혁이가 슬그머니 포크를 내려놓는다. 내심 서운했지만 "어쩔 수 없지 뭐"라며 그냥 넘긴다. 일단 나는 집안일에 소질이 없다. 청소, 정리, 요리 뭐 하나 잘하는 것이 없다.

그런 내가 학창시절 꿈이 현모양처였다. 결혼하면 당연히 집에서 놀 줄 알았다. 예쁜 아기의 재롱을 보며 예쁜 집에서 커피 한잔 마시면서 강아지 산책이나 시키며 그렇게 살 줄 알았다. 내 재능도 모르고 현모양처가 되어 집에서 놀았으면 정말 큰일 날 뻔했다.

"이제부터 월, 수, 금은 학원에 오고 화, 목은 안 올 거예요."

첫 아이가 초등학교에 입학하고 아이들을 돌봐주시던 부모님도 강원도로 내려가신 어느 날, 나는 선전포고를 했다. 아이들과 함께하고 싶었다. 학교에 다녀오는 아이를 맞아주고 같이 저녁도 해서 먹고 마트도 가고 그런 생활을 동경했던 것이다. 학원에 나가는 날을 줄이자 어떻게 되었을까? 결론부터 얘기하자면 모든 것이 뒤죽박죽이었다. 온전히 아이들에게 집중할 수 없었다. 학원에서 계속 걸려오는 전화에 민감해졌고 아이들에게 짜증을 내게 되었다. 아무 일 없었다는 듯 회사를 다녀오는 남편에게도 화가 났다. 나는 일도 못 나가고 이렇게 희생하는데 아무 걱정 없이 혼자 회사 가서 일하고 오다니, 모든 게 다 불만이었다. 월, 수, 금은 학원 한구석에 이층침대를 가져다 놓고 아이들을 데리고 다녔다. 유치원과 학교가 끝난 아이들을 태우고 학원에 가서 저녁 9시에 집으로 돌아왔다. 돌아오는 길에 차에서 잠든 아이들이 너무 안쓰러우면서도 그래도 함께 있다는 사실로 위안을 삼았다.

"엄마, 나 화장실."
"어, 상혁아, 엄마 물티슈 갖고 금방 올게. 잠깐 있어."

아이를 화장실에 두고 나오자마자 학원에 학부모가 찾아왔다. 몇 마디 나누는 사이 내 아이를 완전히 잊었고, 결제하러 온 다른 학부모와 이야기를 나눴다.

"엄마! 엄마!"

한참 후 아이의 비명 소리를 들은 후에야 정신을 차리고 화장실로 뛰어갔다. 아직 여섯 살밖에 안 된 아이는 사색이 되어 화장실에서 울고 있었고 그제야 정신이 들었다. 난 두 가지 일을 다 잘 해내지 못하고 결국 두 손을 들어버렸다. 아이들까지 데리고 다니면서 집에선 학원 걱정, 학원에선 집 걱정 어느 한 곳에도 집중하지 못했다. 뭔가 정리가 필요한 때였다. 나는 그날 이후 학원의 이층 침대를 치워 버리고 아이들을 학원에 데리고 다니는 걸 그만두었다. 그리고 내 아이들을 위해 1시부터 9시까지였던 학원 수업시간을 2시부터 8시까지로 줄였다. 그리고 매달 마지막 날은 무조건 휴강으로 정했다. 그 덕분에 아이들이 안전하게 집에 오는 걸 보고 학원에 갈 수 있었고, 늦은 시간 이지만 집에 와서 아이들과 저녁도 먹을 수 있었다. 지금은 매달 마지막 날은 아이들과 여행도 가고, 맛있는 것도 사먹으며 보낸다.

이제 아이들이 둘 다 초등학교에 들어가니 방과 후 수업이 있는 날은 3시까지 학교에 머문다. 두 아이가 같이 집에 오고, 운동 하나를 하면 6시에나 집에 온다. 간단한 간식을 준비해 놓으면 아이들은 남편과 내가 퇴근하는 8시까지 놀이터에서 친구들과 놀고, 강아지 산책도 시키고 숙제도 하며 잘 지낸다.

워킹맘은 슈퍼우먼이 되어야 한다고 하지만 실제로 두 가지 일을 모두 잘하기란 힘들다. 두 마리 토끼를 다 잡으려 하지 말고, 두 가지 일에 몰입할 시간을 따로 정하는 편이 더 도움이 될 것이다.

엄마들과

특별부록

영어학원을 찾는
학부모들이 자주 묻는
질문들

이렇게
상담하세요!

영어문법이 우리 아이에게
필요할까요?

영어학원을 시작하고 나는 문법 공부를 정말 열심히 했다. 정말이지 노가다를 하듯 문법 공부를 했다. 수십 개의 볼펜을 썼고, 아직도 내 손가락에는 그때 생긴 굳은살이 박혀 있다.

　내가 공부한 영어학원 프랜차이즈 문법은 끊임없이 체크리스트를 채우는 문법이었다. 동사, 명사, 형용사, to부정사, that절이니 하는 문법들이 모두 체크리스트에 빈칸으로 정리되어 있었는데, 이러한 공부 방식은 내가 처음 사업설명회에서 이 프랜차이즈를 선택한 이유 중 하나이기도 했다. 문법을 정말 싫어하던 나에게는 마치 신세계 같은 교재였다. 어려운 용어가 하나도 없고 문법이 표로 잘 정리되어 있어서 체크리스트만 채우면 영어 문장을 만들 수 있었다.

　한 번 푼 문제집을 반복해서 풀고 또 풀었다. 한 권, 한 권 쌓여가는 다 푼 문제집이 내가 평생 풀었던 문제집보다 많았다. 처음에는 기초 문법책을 푸는 모습을 누가 볼까 봐 신경 쓰며 공부했다. 혹시 학부모가 방문했는데, '이 원장 이렇게 쉬운 거 푸네?'라고 생각할까 봐 혼자 전전긍긍했다.

그러나 그렇게 공부한 결과가 아이들을 가르칠 때 빛을 발하기 시작했다. 의외로 꽤 높은 레벨의 아이들도 기초를 놓치고 있었고, 문법을 암기하느라 바빠서 정작 쉬운 문장도 영작하지 못했다. 명사가 뭔지도 모르는 아이들이 to부정사의 명사적 용법을 외우고 다녔다.

"저는 문법 위주 말고 회화 위주 수업을 했으면 좋겠어요. 아시잖아요. 문법 배워 봐야 아무 데도 쓸 데가 없더라고요."

내가 상담할 때 학부모들한테 많이 듣는 말이다. 유독 우리나라 학부모들은 영어문법을 배워도 쓸 데가 없다고 말한다. 나도 학원을 시작하고야 알았다. 문법이 시험성적을 위해 배우는 것이 아니라는 것을.

외국어를 배울 때 문법은 보물 지도와도 같다. 문법은 모든 문장을 암기할 수 없기 때문에 기본 규칙을 배워 영어라는 외국어에 뼈대를 짓는 일이다. 그런데 모두 기초는 금방 넘어가고 자꾸 어려운 문법만 외운다. 그러다 보니 최소한의 활용기회도 갖지 못하는 악순환을 반복한다. 영어문법 공부는 반드시 쉬운 기초부터 다져야 한다.

우리 아이, 영어 잘하려면
어떻게 해야 하죠?

내가 '영어공부 노가다'를 통해 터득한 영어의 뼈대는 동사다. Be 동사, 일반동사, 조동사 이 세 가지가 영어의 가장 큰 기둥이다. 그런데 중학교 모든 영어문법책들은 문장의 형식부터 시작하고 Be동사와 일반동사는 중학교 1학년 1학기 첫 중간고사에서 부정문, 의문문을 물어보고 끝낸다. 기초가 부족한 아이들이 열심히 외우기만 하다가 다음 시험에 동사변형이 나오면 to부정사, 동명사를 공부하는 식이다.

우리 학원 아이들은 주어, 동사, 목적어, 보어, 수식어라는 영어의 자리로 집을 짓고 그 집을 품사(명사, 동사, 형용사, 부사)로 채워간다. 그리고 1형식부터 5형식까지 1문장 1동사를 1년 이상 끊임없이 훈련한 후에 동사변형(to부정사, 동명사, 분사)을 배우고, 그다음에 동사가 두 개씩 등장하는 절을 배운다. 기초공사를 튼튼히 하고 2층, 3층을 짓는 것이다.

"우리 아이는 독해가 약하대요. 시험은 잘 보는데 외부 지문만 나오면 손을 못 대네요. 독해 수업이 필요한 것 같아요."

어휘 수준도 높고 어느 정도 영어실력이 있다는 아이들을 상담할 때 학부모들이 이런 이야기를 자주 한다. 그런데 정작 테스트를 해보면 독해가 아니라 문법이 약한 경우가 많다. 문법이 튼튼하게 잡힌 아이들은 스스로 독해할 수 있는 능력이 생긴다. 그런데 거꾸로 독해 위주로 수업한 아이들은 끊임없이 단어를 외운다. 단어에서 막히면 문장을 독해하지 못하는 것이다. 심하게는 아는 단어만 때려 맞춰서 분위기로 단락을 이해하는 경우도 많다. 순차해석이나 직독직해 없이 단어 실력으로 독해를 하는 경우다. 그래서 영어는 무조건 단어 외우기라고 생각하는 학부모들도 많다. 이런 경우 영작 실력은 거의 바닥이다. 아무리 아는 단어가 많아도 영어의 뼈대가 잡히지 않으면 그 단어를 써먹지 못한다.

영어문법 실력을 갖추고 싶다면 초등영어에서는 1형식부터 5형식까지 자유자재로 만들 수 있어야 한다. 초등 문장 길이는 9단어를 넘으면 안 된다. 주어, 동사, 목적어, 보어, 수식어 자리를 벗어나지 않는데, 전명구까지 포함한 문장이 보통 9단어로 이루어진 문장이다.

예: The teacher met my friend at the library yesterday. - 1문장 1동사 원칙

기초가 부족한 중학교 3학년 아이들에게는 시중 문법 문제집을 중

1, 중2, 중3 한 권씩 각각 풀어보게 하길 권한다. 이때 한 권씩 풀지 말고 파트별로 3권을 한꺼번에 푸는 게 중요하다. 나 역시 공부할 때 중1의 형용사 파트를 풀고, 중2의 형용사 파트, 중3의 형용사 파트를 풀었다. 그리고 문제집을 순서대로 풀지 말고, 문장의 형식 → 시제 → 조동사 → 명사 → 형용사(분사), 부사 → 전치사 → to부정사, 동명 사, 분사 → 수동태(분사를 배우면 수동태가 잘 이해된다) → 접속사, 관계사, 가정법 순으로 푸는 것을 추천한다. 동사 잡고, 품사 잡고, 준동사, 절 순으로 풀어보는 것이다. 아마 이제까지의 문법 공부와 다른 영어의 뼈대가 잡힐 것이다.

몇 살 때부터 영어를
해야 하나요?

우리 동네에 한 유치원이 있었다. 그 유치원에 우리 아이를 데리고 호기심에 상담하러 간 적이 있다. 유독 그 유치원 출신 아이들은 영어를 잘했다. 보통 유치원에서 영어를 배웠다고 하면 그냥 조잘조잘 몇 마디 떠드는 정도다. 어린아이니까 발음도 예쁘고 얼마나 귀엽겠는가? 그런데 그 유치원 출신들은 글자를 보고 읽었다. 제대로 파닉스를 배운 것이다. 아이가 영어 글자를 보고 읽어낸다는 게 쉬운 일은 아니다. 우리는 한국어가 모국어지만 여덟 살이 되어서나 학교에서 받아쓰기를 하지 않는가? 그런데 말도 못하고 알아듣지도 못하는 영어를 글자를 보고 읽는다는 건 대단한 일이다.

어린아이들의 뇌는 마치 스펀지 같다고 한다. 그대로 흡수하기 때문이다. 그만큼 말랑말랑하고 어른 눈으로 보면 놀라운 능력을 보이기도 한다. 그 유치원은 영어 전문 유치원이 아닌데도 아이들이 파닉스를 배워 왔다. 학부모들이 상담을 받으러 오는 이유는 모두 같았다.

자기가 보기엔 지금 이렇게 영어를 잘하는데 학교에 가서 1학년, 2학년이 지나도록 영어를 안 하면 배운 것을 다 잊어버릴까 봐 두렵다는 것이었다. 그러나 그 유치원 출신 중에서 우리 학원에 등록한 아이는 열 명 중 한 명이었다. 다시 파닉스를 해야 한다는 불만이 대부분이었고 좀 더 수준 높은 학원에 가기를 원했다.

나는 개인적으로 유치원은 놀이를 배우는 곳이라고 생각한다. 학습은 학교에 가서 해도 늦지 않다. 학습은 자세이고 습관이다. 학습을 하려면 지루함을 참아낼 능력도 있어야 한다. 개인적인 생각으로 유치원 아이들은 아직 지루함을 참아야 하는 아이들이 아니라고 생각한다. 영유아를 대상으로 하는 영어학습법이 많이 있다. 그리고 아이들 연령이 낮아질수록 비싸고 고급스러운 게 잘 팔린다. 그러나 그 효과를 검증할 방법이 하나라도 있었던가? 대답은 No다.

우리 아이, 영어 싫증나지 않게
하려면 어떻게 해야 할까요?

요즘 아이들은 바쁘다. 운동도 하나쯤은 해야 하고, 악기도 하나쯤은 다루어야 하고, 미술도 남들만큼은 해야 한다. 학년이 올라갈수록 영어, 수학은 필수 코스다. 상담할 때 학부모들에게 아이의 일주일 스케줄을 묻는다. 심지어 아이도, 엄마도 일주일 스케줄을 정리하느라 힘들어하는 경우도 있다. 그리고 엄마가 수줍게 얘기한다.

"아유, 저는 그만하라고 하는데 애가 좋다니까. 우리 애가 욕심이 많아요."

어른도 그 정도 스케줄을 소화할 수 있을까 싶다. 학교가 3시쯤 끝나면 태권도, 미술, 피아노, 영어가 줄줄이 한 시간 간격으로 있다. 게다가 공부방이나 논술까지 들어가 있다. 그래서 학원들이 월, 수, 금/화, 목 스케줄로 수업을 하나 보다. 그래야 우리 학원에 올 시간이 있으니까. 사실 피아노를 잘 치고 싶으면 매일 해야 한다. 그건 피아노 학원 원장님들 모두 공감할 것이다. 정말 뭘 잘하고 싶은가? 그럼 매일 해야 한다. 나머지는 그냥 흉내만 내고 있는 거다. 나 피아노도 칠 줄 안다, 그림도 좀 그린다 이 정도다. 아이의 시선은 엄마의 표정에 민감하다. 내가 이걸 잘하면 엄마가 좋아한다고 느끼면 자기가 좋아한다고 생각한다. 그래서 엄마는 표정관리를 잘해야 한다.

　잘 생각해보자. 내가 했으면 하는 일을 아이한테 유도해 본적이 없는지? 모든 아이들은 엄마에게 착한 아이이고 싶어 한다. 엄마가 좋아하면 아이도 좋아한다. 그게 유독 안 되는 게 공부다. 공부를 좋아하는 아이는 별로 없다. 그래서 엄마들이 공부에 매달리나 보다.

　엄마가 정말 공부를 좋아한다면 어떨까? 아이가 공부하는 시간에 함께 공부한다면? 아이 공부가 아닌 내 공부를 하자! 공부를 잘하려면 참아내는 능력이 있어야 하고, 꾸준함과 습관이 있어야 한다. 그것을 엄마가 안다면 싫증 느끼는 아이에게 그것도 과정임을 알려줄 수 있을 것이다.

우리 아이, 어떻게 하면 시험을 잘 볼 수 있을까요?

"엄마는 공부 욕심 없단다. 건강하게만 자라다오."

한 번쯤 이런 생각을 해본 적 없는가? 마냥 예쁘기만 한 우리 아이를 언제까지나 행복하게 지켜주고 싶고, 하고 싶은 일이라면 맘껏 하게 해주겠다고 다짐해 본 적이 있을 것이다. 21세기에는 행복이 성적순이 아니라고, AI가 무한 지식을 제공해 주는 시대에 우리 아이의 창의력과 자존감을 지켜줘야겠다고 항상 다짐하는 엄마는 아닌가? 그런데 이상하게 시험점수 앞에만 서면 이런 마음가짐이 자꾸 흔들린다. 혹시 내 아이가 뒤처질까 봐, 아니면 혹시라도 아이가 자신감을 잃고 좌절하지 않을까 하는 걱정에 엄마 마음은 항상 불안하다.

공부 못하고 싶은 아이는 없다!
이것은 내가 학원을 13년간 운영하며 배운 소중한 배움이다. 나는 첫 아이가 초등학교 1학년 때 첫 받아쓰기에서 20점을 받았을 때도 이 아이가 정말 잘하고 싶어 하는구나 하고 알 수 있었다. 내가 만난 모든 아이들이 그랬으니까. 칭찬받고 싶고, 인정받고 싶은 마음은 어느 아이들이나 똑같다.

칭찬받은 아이는 계속 인정받고 싶어서 무리해서라도 더 열심히 하려고 한다. 매슬로우의 5단계 욕구에서 타인에게 인정받으려고 하는 존경욕구는 4단계에 속한다. 우리 엄마들이 원하는, 스스로 열심히 알아서 하는 자아실현의 단계는 5단계다. 4단계에서 5단계로 넘어가려면 칭찬 말고도 강한 동기부여가 필요하다. "나의 능력을 발휘하고 싶다" 또는 "자기 계발을 계속하고 싶다"는 동기부여가 있어야 한다.

그런데 많은 아이들이 5단계로 가기도 전에 4단계에서 방황한다. 잘하고 싶은데 잘 안되면 본인도 속상한데 엄마 눈치까지 봐야 하기 때문이다. "괜찮아, 다음에는 조금 더 잘해보자"라며 쿨한 엄마가 되어 보자. "괜찮아"라는 한 마디가 우리 아이를 5단계로 올려놓을 것이다.

메타인지를 높이자!

나는 내신 대비를 할 때마다 수많은 아이들과 수많은 문제집을 푼다. 그러면 그제야 공부 잘하는 아이의 특징이 조금 보인다. 우리가 알고 있는 기억력이나 아이큐와는 아무 상관이 없다. 이것이 마법의 메타인지다.

혹시 1개 틀린 아이는 펑펑 우는데 10개 틀린 아이는 별 관심이 없는 이유를 아는가? 예를 들어보자. 아이들에게 새로운 영어 단어를

10개 외우게 하고 테스트 전에 몇 개쯤 맞힐 수 있는지를 물어본다. A라는 아이는 8개를 맞히겠다고 해놓고 6개를 맞힌다. B라는 아이는 6개를 맞힐 것이라고 하고는 6개를 맞힌다. 아이가 스스로 자신이 몇 개 맞힐지 예상할 수 있다는 것은 아는 것과 모르는 것을 정확히 안다는 뜻이다.

B라는 아이는 메타인지가 높아 공부를 잘하는 아이다. 공부를 잘하는 아이들은 자신이 뭘 모르는지 알고, 그 부분을 집중적으로 공부한다. 물론 시험에서 아는 문제를 틀리는 실수를 하지 않는다. 그러나 성적이 좋지 않은 아이들은 우선 자기가 무엇을 모르는지 잘 모른다. 자꾸 틀리는데 그건 놔두고 맞은 문제에만 집중한다. 맞았으니까 아는 문제라고 생각한다. 그리고 정작 시험에 가서는 틀린다. 물론 연습량을 늘려서 실수를 줄이는 방법도 있지만, 그러려면 시간이 많이 걸리고 아이도 지친다.

우리 학원에서는 메타인지를 높이기 위해 아는 것과 모르는 것을 구분하고 아는 것은 말로 설명할 수 있는지를 본다. 문제집만 푸는 것이 아니라 본인이 스스로 정리할 수 있을 때까지 반복해서 학습하게 한다. 공부를 마치고 집으로 돌아온 아이들에게 한마디만 물어보자.

"너 오늘 뭐 배웠니?"

이것이 메타인지를 높이는 마법의 한 마디다.

우리 아이는 왜 영어 외우는 걸 힘들어할까요?

"선생님, 전 머리가 나쁜가 봐요. 진짜 안 외워져요."

중학교 내신 대비 기간에 아이들에게 교과서 본문을 외우게 할 때마다 많이 듣는 이야기다. 시험에 나오는 문제만 가르쳐 주고 예상문제만 풀어서 100점을 맞을 수 있다면 얼마나 좋을까? 그런데 기초가 약한 아이들은 아무리 문제풀이를 해도 조금만 문제를 바꾸면 응용을 하지 못한다.

요즘은 중학교 시험이 어려워져서 교과서 지문도 그대로 나오지 않는다. 그럼에도 불구하고 교과서 본문을 외우게 하는 이유는 세 가지다. 첫째, 본문을 외우면 자연스럽게 어휘나 문법을 익힐 수 있다. 내신 문제집 구성을 보면 단어, 회화, 문법, 독해, 문제풀이 순으로 되어 있다. 어떤 아이들은 하루 종일 단어만 외우고, 하루는 문법 설명만 열심히 듣고, 본문이 나오면 다시 단어를 외우고 문법을 확인한다.

반면에 본문부터 암기하고 문제집으로 들어가면 어휘, 문법, 독해를 하루면 다 할 수 있다.

둘째, 스토리를 파악하는 능력이 필요하기 때문이다. 중학교 교과서 본문에는 교훈이 있는 좋은 스토리가 많다. 굳이 다른 교재를 쓰지 않아도 최고의 독해 자료가 담겨져 있는 것이 교과서다. 가끔 잘 안 외워진다며 세 문장씩 점검해 달라고 조르는 아이들이 있는데, 이런 방식은 이야기 흐름도 모르고 단순 암기력만 테스트하는 것과 같다. 그것만큼 시간낭비가 없다. 그리고 문장 암기의 포인트는 무조건 외우는 것이 아니라 의미구 단위로 외우는 끊어 읽기라는 것을 알아야 한다.

A few minutes later, / there was a sound / from an egg / that didn't hatch.

몇 분 후 / 소리가 있었습니다 / 한 알로부터 / 부화하지 않았던

           - 천재(정사열) 중2 교과서 본문

마지막으로 본문을 반복적으로 암기하면 영어 문장의 구성이 자연스럽게 머릿속에 들어온다. 그냥 눈으로만 읽는 것과 머릿속에 저장하는 능력은 다르기 때문에 전체 본문을 암기시키는 것이다. 암기력이 안 좋은 학생은 훈련이 부족한 것이지 머리가 나쁜 게 아니다. 머릿속에 각인되어 있는 정보는 잘 없어지지 않으므로 이 각인을 확실히 하려면 반복해서 훈련하고 자꾸 확인해야 한다.

신경 쓰는 만큼 머리가 좋아진다

우리 머리는 우리가 중요하다고 생각하는 일에 놀라운 능력을 발휘한다. 요즘 인기 있는 아이돌 그룹은 10명이 넘기도 한다. 내 머리로는 도저히 외울 수 없는 이름들을 우리 아이들은 줄줄이 외운다. 관심 있고 좋아하기 때문이다. 우리 큰아이는 〈공룡 메카드〉의 23종이나 되는 공룡 이름을 다 외운다.

그런데 영어 교과서 본문은 아이돌만큼 예쁘고 잘생기지도 않았고, 게임이나 만화처럼 재미가 있지도 않다. 나한테 그리 중요한 정보가 아니라고 생각이 든다면 아무리 외우려 해도 잘 외워지지 않는다. 시험기간만큼은 영어 교과서가 굉장히 소중한 존재라고 생각하자. 그리고 자꾸 외워보자. 아침에 10분, 학원 오는 길에 10분, 자기 전에도 한 번 더 해보자. 첫 번째 1과를 외우는 것은 힘들다. 그리고 대부분의 아이들이 1과도 제대로 외워본 경험이 없다. 학교 공부는 사회에 나가면 정말 필요 없을까? 시험기간마다 1과씩 차곡차곡 머리에 새겨보자. 원어민의 발음과 억양까지 똑같이 할 수 있다면 효과는 배가된다. 비싼 돈 주고 배우는 성인 영어보다 훨씬 효과가 있을 거라고 자신한다(김민식의 《영어책 한 권 외워봤니?》(위즈덤하우스, 2017)에도 비슷한 내용이 있다).

우리 아이는 왜 학원 숙제를
잘 안 할까요?

숙제! 참 많은 학원들의 고민이다.

• 아이들이 숙제를 안 하는 이유

1. 바쁘다.

2. 어렵다.

3. 양이 많다.

아이들에게 주말 숙제를 주면 월요일 아침까지 안 되어 있는 경우가 있다(우리 학원은 온라인으로 아이들이 숙제를 하기 때문에 월요일 오전에 컴퓨터만 켜봐도 숙제가 되어 있는지 안 되어 있는지 확인이 가능하다). 그런데 월요일 오전까지 학습 전으로 되어 있던 숙제가 학원에 오면 되어 있다. 학교 쉬는 시간, 학원 오기 직전에 하는 것이다. 금요일 저녁부터 토요일, 일요일까지 아이들은 숙제를 계속 미룬다.

공부를 잘하는 아이들은 꼭 해야 하는 일을 먼저 하고 나서 마음 편하게 놀고, 공부를 잘 못하는 아이들은 계속 마음속에 부담만 안고 있다가 일을 미룬다. 집에 숙제와 관련해서 전화하면 대다수 학부모의 대답은 비슷하다.

"숙제 있느냐고 물어봤는데, 없다는데요?"
"숙제 다 했다고 했는데요?"

"민수야, 선생님이 오늘 숙제를 줄 건데, 지금 한 것처럼 하면 돼. 선생님이 시간을 재 봤더니 20분이면 이 문제를 다 풀 수 있네. 같은 양을 숙제로 줄게. 이 정도는 할 수 있지? 근데 약속 하나만 하자! 숙제를 오늘 하는 거야. 오늘 저녁 먹고 20분만 학원 숙제를 하는 거야. 오늘 저녁에 숙제하고 선생님한테 카톡 하나만 보내줄래? 민수가 오늘 숙제 오늘 하는 모습을 보고 싶어서 그래."

아이가 스스로 자기 일을 하려면 다음의 두 가지 조건이 성립해야 한다.
첫 번째, 할 수 있는 과제를 내줘야 한다.
두 번째, 그 과제를 하는 데 걸리는 시간을 교사와 학생이 알고 있어야 한다.
일단 아이들은 모르니까 배우려고 학원에 온다. 그런데 숙제를 과도하게 어렵게 줘 버리면 아이는 숙제를 하고 싶어도 못한다. 숙제는 복습 위주로 그날 배운 학습을 확인하는 정도면 된다. 가끔 배우지도 않은 어려운 단어를 외워오라는 숙제를 주는 곳도 있는데 다음 날 수업이 편할 수는 있지만 아이는 숙제하는 데 너무 많은 시간을 할애해야 한다. 또한 아이가 숙제를 하는데 10분이 걸릴지, 1시간이 넘게 걸릴지 모르고 교사 입장에서 숙제를 주면 안 된다. 교사는 10분이면 할 거라고 생각하고 숙제를 줬는데, 아이는 1시간이 넘게 걸린다고 하면 아이는 점점 과제와 멀어져 버릴 것이다.

"선생님이 좀 혼내주세요. 제 말은 잘 안 들어요."

아이가 숙제를 안 한다고 전화하면 많은 학부모가 이렇게 이야기한다. 모든 가족이 모인 저녁 시간에 식사하고 한숨 돌리기도 전에 아이 학교숙제부터 학원숙제까지 엄마가 다 챙기기는 힘들다. 그러니 저녁식사 후 30분 정도를 정해 두고 숙제 시간을 갖는 것이다. 그날 배운 것을 그날 공부하는 것이 가장 효과적이다.

"숙제했어?"
"어."
"공부 좀 해."
"다 했어."

이런 대화는 이제 그만하자. 아이가 공부한다고 방에 들어가서 두 시간이고 세 시간이고 앉아 있다고 다 공부하는 것은 아니다. 그러니 시간을 구체적으로 정해 주고, 나머지는 자율에 맡겨도 좋다.

"쉬기 전에 30분 숙제 확인하는 시간이야"라고 매일 정해진 시간에 아이에게 말해주자. 아이가 숙제 한다고 들어가서 안 할 수도 있지만 일단 규칙적인 숙제 시간이 있다면 최소한 오늘 숙제가 뭐지 정도는 생각할 것이다. 그리고 그 30분씩 하는 습관만 잡히면 그날 배운 것을 그날 확인하는 습관이 잡힌다.

'저녁 식사 후 30분 숙제 타임!'

오늘부터 꼭 시작해 보자!

영어 수행평가,
어떻게 준비하죠?

초등학생

요즘 초등학교와 중학교 1학년은 중간고사와 기말고사를 보지 않는다. 예전에는 초등학생에게 시중에 판매되는 평가문제집으로 학교에서 배운 영어를 학원에서 복습해 주었는데, 이제는 그렇게 하지 않는다. 학원 앞에 서점이 있는데 18년간 서점을 운영한 사장님이 학교 시험이 없어지고, 아이들이 문제집을 안 사서 서점 운영이 힘들다는 이야기를 할 정도다. 그러면 우리 아이들은 학교 영어를 잘 따라가고 있는 걸까?

"준혁아! 학교에서 영어 재밌어?"

"응! 재밌어!"

"뭐 배웠는데?"

"음... 문 열어, 문 닫아 같은 거?"

"영어로 뭐라고 하는데?"

"무슨 도어 그러던데?"

우리 아들은 3학년까지 영어를 제대로 시작하지 않았다. 한글을 초등학교 1학년 때 시작했기 때문에 영어는 한글을 제대로 떼고 시작해야겠다고 생각할 때였다. 초등학교 3학년 때 학교에서 영어를 시작했고 우리 아들은 학교에서 따라 하라는 영어를 그냥 노래처럼 따라 하다 오곤 했다. 그날 저녁 나는 핸드폰으로 디지털 교과서를 열어서 아이가 하는 노래와 챈트를 같이 불러 주었다. 아이는 금방 정확한 발음으로 그날 배운 교과서 내용을 말할 수 있게 되었다.

2018년부터 공교육에 디지털 교과서가 도입되었다. 이제는 학교 교과서를 핸드폰으로도, 집에 있는 컴퓨터로도 어디서나 열어볼 수 있다. 디지털 교과서는 영어 말하기, 쓰기 강화를 위하여 도입되었다. 콘텐츠도 훌륭하고 다양한 동영상, 노래, 챈트 등을 언제 어디서나 열어볼 수 있어서 좋다. 핸드폰 앱으로 다운만 받으면 스마트폰으로 아이 교과서를 볼 수 있으니, 꼭 다운받아서 아이와 함께 보았으면 한다.

중학생

중학생의 수행평가는 듣기평가와 쓰기평가의 두 가지로 나뉜다. 듣기평가는 1학기, 2학기에 1번씩 보고 평가 비율은 10%다. 영어 듣기가 쉽다고 생각할 수도 있지만 의외로 영어 소리를 잘 못 알아듣는 아이들이 많다.

"너무 빨리 말해서 놓쳤어요."
"지나간 문장 생각하다가 뒤에 나온 문장을 못 들었어요."
"앞에 애가 기침해서 못 들었어요."

어디서 많이 들어본 소리일 것이다. 중학교 영어 듣기평가는 고등학교 수능 듣기평가까지 연결되기 때문에 듣기 연습을 충분히 하는 것이 좋다. 시중에 나오는 영어 듣기평가 문제집을 1년에 한 개씩 풀어볼 것을 추천한다.

How to study

1. 1회 듣기를 한다(20분).
2. 틀린 문제를 받아쓴다(빈칸 채우기 자료가 제공된다).
3. 받아쓴 틀린 문제를 스크립트를 보지 않고 듣고 따라 한다.
4. 가능하면 같은 속도로 쉐도잉*해 본다.

* 쉐도잉이란 듣기 지문을 들으며 교재 없이 원어민과 동일한 속도로 따라 말하는 것을 뜻한다.

Tip

중학교 디지털 교과서를 보면 대화문의 경우 동영상이 있고, Worksheet를 클릭하면 빈칸 채우기까지 제공된다. 1과마다 2~3개씩 제공되기 때문에 교과서로 빈칸을 채우며 연습하는 것도 좋은 방법이다.

"학교에서 자기 꿈에 대해 영어로 쓰라고 그랬다는데, 학원에서 수행평가도 준비해 주나요?"

"어머님, 수행평가 주제는 학교 교과서에 있는 내용이에요."

"학교에서 안 배웠다던데?"

중간고사, 기말고사로 영어점수가 나오지 않으니 학부모들은 수행평가에 관심이 많다. 그런데 영어 글쓰기만큼은 너무 어렵고 어떻게 해야 하는지 감이 잘 오지 않는다. 우리 세대 엄마들이 영어 글쓰기를 배워본 적이 없어서 더욱 그런 것 같다.

학교 교과서는 각 과마다 주제가 있고 그 주제에 따라 듣기, 말하기, 읽기, 쓰기 영역으로 나뉘어 있다. 기존의 중간고사, 기말고사 기준일 때는 본문 읽기 위주였는데, 이제는 말하기와 쓰기가 읽기만큼 중요해졌다. 예전에는 시험에 나오는 서술형 평가만 잘 보면 됐지만, 이제 중학교 1학년부터 수행평가로 70~120단어 내외로 글쓰기를 해야 한다.

How to study

1. 디지털 교과서의 Speaking과 Writing 부분이 수행평가의 주제로 활용된다.

2. 샘플 글이 제시되므로 그 글을 참고한다.

3. 나의 경우로 이야기를 바꾸어 써본다.

4. 영어 글쓰기는 서론-본론-결론이 있어야 한다. 시작하는 말, 끝나

는 말을 통일해야 한다.

5. 내가 쓴 글을 읽어보고, 수정해 보는 연습을 한다(대/소문자, 관사, 명사의 단/복수, 동사의 수와 시제).

Tip

영어 글쓰기는 영작 실력이 다가 아니다. 막상 우리말로도 7~10문장을 써 보라고 하면 못 쓰는 아이들이 있다. 쓸 내용이 없는 것이다. 평소에 책 읽고, 일기나 짧은 글을 써보는 연습은 학원에서 가르쳐 줄 수 없다.

원어민을 만나야 영어를
더 잘하지 않나요?

"여기 원어민 수업 있나요?"

학부모들이 자주 물어보는 말이다. 우리 학원엔 원어민이 없다. 원어민이 있으면 조금 급이 있는 학원, 원어민이 없으면 동네 작은 학원으로 평가하는 분들이 아직 많다. 우리 엄마 세대들은 원어민과 수업해볼 기회가 많지 않았다. 그래서 원어민과 수업하면 영어가 늘 거라고 막연히 생각하거나 영어는 몰라도 아이가 원어민을 어려워하지만 않아도 성공이라고 생각하는 경향이 있다. 10년 넘게 영어를 배웠는데 원어민만 만나면 얼어버리고, 말 한마디 할 수 없었던 기억이 원어민 수업에 대한 환상을 만든 것 같다. 원어민 수업이 유치원 아이들부터 성인까지 꼭 필요할까?

"Hello, everyone!"

"Hello!"

"How are you today? Are you happy?"

"Good!"

"What did you do last weekend?"

내가 대학교 때 처음 해외연수 갔을 때 수업 모습이었다. 5~7명의 학생들이 주말에 무엇을 했는지? 갔던 레스토랑 음식은 맛있었는지? 가봤던 관광지는 마음에 들었는지? 이런 이야기를 하느라 첫 수업시간이 끝났다. 물론 나는 기초반이었고, 과거형 동사조차 제대로 말하지 못할 때였다. 나는 어색한 미소를 지으며 초조하게 내 순서를 기다리고 있었다.

"Um..I go...oh! went market. I studied and...um..."

이렇게 어색한 단어만 나열해 놓고 내 순서만 지나면 안도의 한숨을 쉬었던 것 같다.

우리 아이들도 마찬가지다. 하고 싶은 말을 영어로 할 수 있을 정도면 원어민 수업을 재미있게 느낀다. 그러나 나처럼 단어를 나열하는 수준이라면 그만큼 힘든 시간이 없다. 그리고 실력향상도 그다지 기대하기 힘들다. 내가 본 초·중학생들은 하고 싶은 말을 영어로 만들지 못하는 경우가 대부분이다. 단어로 단답형 대답을 하거나 어색한 미소를 지으며 Yes! No!를 외칠 뿐이다.

내가 원어민 수업을 추천하는 아이들은 고1 수준의 독해를 하는 데 문제가 없고, 300단어 이상의 지문을 영어로 요약할 수 있으며, 특히 발음이 좋은 아이들이다.

원활한 의사소통을 방해하는 좋지 않은 발음을 안타깝게도 원어민이 교정해 줄 수 없다.

특히 한국인은 습관적으로 '으'나 '이' 소리를 붙여서 영어를 발음하기 때문에 영어의 음절, 강세를 제대로 발음하지 못하는 경우가 많다(스/트/레/스의 영어 발음은 str/e/ss로 모음소리는 '에' 하나이다). 이렇게 음절을 늘려서 발음하면 원어민이 절대 알아듣지 못한다.

"아이 킥티드 더 볼."
"아이 킥트 더 볼(I Kicked the ball)."
"디드 유 이트 런치?"
"디짓 런치(Did you eat lunch)?"

아마 수업시간 내내 이런 발음을 따라할 뿐일 것이다. 원어민은 우리 아이에게 영어로 대화할 기회를 줄 수 있을 뿐, 우리 아이에게 영어를 가르쳐 주지는 못한다. 원어민 수업이 필요하지 않다는 말이 아니라 어느 정도 레벨이 있는 아이들이 원어민을 만나야 효과를 볼 수 있다는 말이다. 보통 원어민이 있는 어학원에는 원어민 강사 수업과 함께 영어를 알아듣지 못하는 아이들을 위한 한국어 강사 수업이 꼭 포함되어 있다. 어차피 그 수업에서 배우는 것은 단어, 문법, 독해 등 일반 학원과 똑같다.

방학 때 해외연수 프로그램에 참가하면 어떨까요?

여름방학, 겨울방학마다 해외연수 프로그램을 문의하는 학부모들이 많다. 짧게는 2주, 길게는 1달 프로그램이고, 가까이는 동남아부터 멀리는 미국, 캐나다 등 선택의 폭은 넓다. 어느 동네에서는 방학마다 외국에서 한 달 살고 오기가 유행이라고 하고, 대학생들도 학교를 휴학하고 어학연수를 다녀온다고 한다. 해외연수 프로그램에서는 무엇을 가르치며 어떤 효과가 있을까?

우선 해외연수를 보내려는 목적은 두 가지로 나뉜다.

첫 번째 목적은 낯선 환경에서 경험을 쌓고, 영어가 왜 필요한지에 대해 절실히 느끼기를 바라서다. 비행기를 타는 순간부터 물 한잔이라도 마시려면 영어로 얘기해야 하고, 맥도널드에서도 "For here or to go?"를 알아들어야 한다. 스타벅스에서 아메리카노라고 하면 커피를 마실 수 없고, 시럽 추가와 음료 사이즈도 선택해야 한다. 정말 배운 영어를 쓰긴 쓰는구나 싶을 수 있다.

"선생님, 무슨 말을 하는지 하나도 모르겠더라고요."

"하루 종일 영어만 써요."

"이제 영어공부 열심히 하려고요."

방학을 이용한 연수나 영어마을 체험을 다녀온 아이들이 하는 얘기를 들어보면 해외연수가 아이들에게 좋은 경험이 되는 것 같다.

두 번째 목적은 비용도 많이 들고, 단기간에 집중적으로 영어만 하니까 영어실력이 좋아져서 오지 않을까 하는 것이다. 그러나 나는 이것에 대해서는 크게 공감하지 않는다. 2주나 4주 만에 아이의 영어실력이 갑자기 좋아지지는 않는다. 그리고 실제로 해외연수 프로그램의 수업 커리큘럼은 그리 강도가 높지 않다.

나는 사이버 한국외대 영어과를 전공하면서 괌 대학교와 아일랜드의 더블린 대학교에 연수를 다녀온 적이 있다. 같이 간 학생들이 대부분 영어를 가르치거나 영어로 업무를 하는 사람들이었기 때문에 수업은 거의 체험이나 프로젝트 수업으로 이루어졌다. 수업은 오전 9시부터 12시까지 3시간이 전부였고, 나머지 시간은 학교탐방, 유적지 탐방 등의 체험 프로그램이었다. 내가 대학교 때 경험한 영국에 있는 대학교 연수 프로그램도 오후 2시 이후는 모두 자유시간이었던 기억이 난다. 실제로 아이들 연수 프로그램에 영어수업 시간은 보통 오전에 모두 끝난다. 액티비티 위주로 커리큘럼이 구성되고, 아이들은 낯선 환경에서 낯선 사람들과 신나게 놀다 올 수 있다. 게다가 나머지 시간에 현지 학생들과 어울리며 영어를 연습할 기회는 더욱 적다. 어차피 어디에나 한국 친구들이 많고, 독하게 마음먹고 한국 친구들과 놀지 않기로 마음먹지 않는다면 방과 후 외국은 한국과 다를 게 없다. 아직 어린 초·중학생 아이들이 비싼 연수 비용을 뽑겠다며 한국인과 말 안 하고, 영어공부를 밤새며 할 만한 동기는 거의 없다고 볼 수 있다.

나는 해외연수 프로그램이 아이들에게 경험의 폭을 넓힐 수 있는 좋은 계기가 될 수는 있지만 영어학습에 대단한 영향을 미친다고 생각하지는 않는다.

영어학원 하길
잘했다

- - - - - - - - - - - - - - - - - - -

처음에 영어학원을 할 거라니까, 주변에서 너보고 다단계 하는 거 아
니냐고, 일단 하지 말라고 다 말렸어. 그치?

그런데도 13년 동안 잘해냈다. 눈 오는 밤 남편이랑 꽁꽁 언 손으
로 현수막을 20장씩 걸며 다녔고, 아파트에 홍보한다고 어깨가 빠지
게 전단지를 들고 다녔고, 귀신도 무서워하면서 한밤중에 아파트 20
층부터 한 층씩 내려오며 붙였잖아, 경비아저씨한테 걸릴까 봐 도망
다니면서.

밤이면 전단지 1,000장씩 깔고 앉아서 접고 또 접고, 남대문 사탕
가게에서 아이들과 학부모에게 나눠줄 사탕을 양손가득 들고 백화점
지하주차장에 내려가기 바빴고. 무작정 학부모 간담회를 한다고 영어

교육설명회를 수십 군데 쫓아다니고, 간담회 전날 PPT 만든다고 밤새고, 고작 학부모 서너 명 모인 자리에서 덜덜 떨며 첫 인사를 했지.

"안녕하세요. 영어학원 원장 문윤선입니다."

출산예정일 전날 9시까지 수업하고 "저 애기 낳고 올게요" 하고 첫 아이를 낳았고, 둘째가 태어나고 황달로 입원했을 때도 출산 후 2주 만에 학원에 가서 수업을 했어. 임신 중에 두 번째 학원 인테리어를 했고, 공사 중인 학원 책상 위에 첫째를 누이고 기저귀를 갈았지. 두 번째 학원이 철거되는 날 두 눈이 퉁퉁 붓도록 울다가 빚더미에 올라앉았고……

되돌아보니 아직 어린 아이들, 한참 바쁜 남편, 아이들을 돌봐주신 부모님 모두에게 죄인이었네.

공부하기 싫어하는 중학생 아이들 시험 성적에 울고 웃고, 영어 팝송, 뮤지컬, 영화더빙 시키면 시키는 대로 쑥쑥 성장하던 아이들 발표에 행복하고, 아이들이 많아지면 바빠져서 힘들고, 아이들이 줄어들면 선생님들 월급 맞추느라 힘들고, 작은 학원의 하루하루란 정말 전쟁이었는데.

뭐 대단한 일을 한다고 그렇게 바쁘냐며 아무도 안 알아줬고 빵점 엄마에, 빵점 며느리에, 빵점 딸이었고 아무도 잘한다고 칭찬해주지 않았지만, 그래도 이 책에서 한 번은 칭찬해주고 싶어.

힘들었지만, 애 많이 썼지만 영어학원 하길 잘했다, 윤선아!

고마움의 인사

맨 처음 영어학원을 해보라고 권하시며 아무것도 모르는 초보 원장에게 항상 옆에서 잘한다고 칭찬해주신 《학원이 끌린다》 저자 이경애 사장님, 감사합니다. 영어학습에 대한 열정 하나로 동네의 작은 학원 원장을 키워주시고, 매일 귀한 가르침을 주신 잉글리쉬 무무 김성수 회장님, 감사합니다. 아무것도 모르는 원장 옆에서 10년을 함께해준 Judy선생님, 나에게도 영어 선생님이었습니다. 정말 감사합니다. 어설픈 글을 다듬어주며 아낌없이 조언해주신 엔터스 글쓰기 박보영 선생님, 감사합니다.

항상 내 편이 되어준 사랑하는 남편 임학빈 그리고 학원 한다고 항상 바쁜 엄마를 이해해 주는 아들 임준혁, 임상혁, 사랑하고 감사합니다.